あなたの魅力を伝える
面接の英語
改訂版

English for your successful job interviews
which makes you more attractive

石井隆之 [著]

三修社

本書の見方
■ 本文中、テーマに関する重要英語表現、または注意すべき英語表現を太字で表記しています。
■ 本文に関連して覚えておきたい事柄を TIPS としてコラムにまとめました。
■ CD には、第4章の自己紹介例と第5章の レベル1 レベル1〜2 レベル2 の一問一答、第8章の回答例 A1 が収録されています。

はじめに

　英語面接の対策本はいろいろと出版されていますが、英語で印象のよい面接となるための具体的な技術と実践的な例文を紹介したものは、意外に少ないのが現状です。本書は、私のこれまでの面接委員（資格試験や就職試験）と審査委員（スピーチコンテストやディベートコンテスト）の経験を通して、面接で成功する秘訣を伝授する目的でまとめました。まさに「面接対策の決定版」といえるでしょう。
　本書には、次の4つの特長があります。

　　その1　面接成功のために、実力と技術を磨くコツ（＝理論）と、実際に使える例文（＝実践）の質量両面を高めることができるよう工夫されている。
　　その2　面接（段階別の展開と質問例など）と英語（品詞別、レベル別、重要度別例文）の両面の視点から豊富な例文を掲載している。
　　その3　従来の表現集にはない、ジョークやスピーチに必要なコツなどを駆使した表現も取り入れている。
　　その4　有益なコラム「TIPS」を各所に織り込んでいる。

　本書は、次のような方々に適しています。

　　1．英語の面接が必要な企業を受験予定の方
　　2．グローバル企業への転職を希望している方
　　3．英語で発表する能力を磨きたい方
　　4．外国人とのやりとりにうまく対応する能力をつけたい方

　改訂に際し、収録音声を拡充したほか、昨今の英語転職市場に鑑み、外資系ならではの質問と回答を追加し、直前チェックシート、「言ってはいけない」NG集、サンキューレターの書き方など、便利な付録を増補しました。
　本書を通じて、英語面接のコツをつかみ、英語面接で成功を収めるだけでなく、英語力全体の向上につながれば、著者として望外の喜びです。

　　　　　　　　　　　　　　　　　　　　　　　　　　　　　　　　石井隆之

目　次

はじめに …………………………………………………………………… 3
序　章　面接官が教える面接攻略の極意 ………………………………… 6

第1部 知識編 ⑪

　第1章　面接の技術と心構え ……………………………………………… 12
　　　1　英語面接を成功させる10のコツ
　　　2　英語面接7つの基本技術
　　　3　英語面接の準備と心構え
　第2章　面接の流れを理解する…………………………………………… 30
　　　1　面接の種類
　　　2　7つの段階別対策
　第3章　面接官がよく聞く質問 …………………………………………… 42
　　　1　英語面接よくある質問
　　　2　備えておきたい意外な質問
　　　3　面接で聞いておきたいこと

第2部 実戦編 ㊿

　第4章　自己紹介のコツ …………………………………………… 58
　　　1　エレガントな自己紹介5つのコツ
　　　2　具体的な自己紹介の英語表現例　　　[🎧Track 01-02]
　　　3　自己紹介の方法論
　第5章　模擬面接1 一問一答例 …………………………………… 67
　　　1　基本的質問に答える　　　　　　　　[🎧Track 03-14]
　　　2　応用的質問に答える　　　　　　　　[🎧Track 15-72]

CONTENTS

第3部 仕上げ編 ⑬⑤

第6章 表現の引き出しを増やす ……………………………… 136
    1 英語面接に使える基本表現
    2 情報と意見の提示方法
    3 品詞別重要英語表現
    4 レベル別英語表現
    5 注意すべき表現

第7章 面接官にアピールする面接術 ………………………… 172
    1 基本語を使いこなす
    2 話を面白くする方法
    3 実力以上に見せる術

第8章 模擬面接2 あなただけの答え方を見つける ………… 202
                                         [🎧Track 73-99]

終 章 コミュニケーションの4レベルと
       有益な面接のための5つの方法 ……………………… 231

付録1 面接直前チェックリスト ………………………………… 237
付録2 「言ってはいけない」NG集 ……………………………… 242
付録3 面接後にアピールするサンキューレターの書き方 ……… 244

序章
面接官が教える面接攻略の極意

　私は、これまでに、各種資格試験における面接官、また、大学その他各種団体のスピーチコンテストやディベートコンテストの審査員、さらには、就職関連の面接委員をいろいろと経験してきました。面接官や審査員の経験から、面接試験を攻略するのに、最低限何に注意し、どう準備をすべきかについて、ためになる情報と考え方をお教えしたいと思います。

ロゴスとパトスとエトスの3つが必要

　例えば「面接攻略法」というテーマである先生が講演するとします。その際、どんな先生であれば、そのタイトルの講演を信頼して聞きますか？

　まず、話の内容がわかりやすいかどうかがポイントですね。「わかりやすさ」のためには「論理性」すなわちロゴス（logos）が重要ということです。

　さらに、その先生の話しぶりが熱心であることも重要な要素ですね。いくらわかりやすい講演をしていても、その話し方にやる気がなければ、よくありません。心に響かなければいいスピーチとは言えません。「心に訴えること」はパトス（pathos）の問題です。パトスのある講演なら人は聞きます。

　最後に、内容（what to say）がわかりやすく、話しぶり（how to say it）が心に訴えるものでも、テーマである「面接」に関する何らかの権威、例えばスピーチコミュニケーションの大家（または面接対策指導の第一人者）でなければ、100％講演内容を信頼できないかもしれません。つまり、話をする人自身の特性、つまりエトス（ethos）が重要ということになります。

　以上述べた3つの要素は、スピーチをする者すべてに当てはまります。つまり、ロゴスとパトスとエトスが「面接を受ける者」にも必要ということになります。というのは、面接もスピーチに変わりないからです。

　簡単に言えば、面接では、質問に対する回答が、わかりやすく（＝ロゴス）、印

象よく（＝パトス）、そして、何より、自分自身の特性が素晴らしいもの（＝エトス）であることが重要ということです。

面接者自身の特性に磨きをかけるのが、面接突破の鍵

面接者（＝受験者）自身の特性は、2種類に分かれます。1つは、その面接者がもつ資格や技能という「能力」の側面です。もうひとつは、面接者が有する性格や態度という「個性」の側面です。

この2つの側面を素晴らしいものにするには、十分な対策が必要です。能力を高め、個性を磨くには、確かに時間がかかりますね。ロゴスとパトスが十分、つまり、論理的な話ができて、やる気があっても、例えば資格がない場合（＝エトスが不十分）、面接試験に通る可能性が低くなります。

つまり、ロゴスとパトスが同じレベルならば、有資格者のほうが有利であるといえるのです。面接する側からすると、少しでも能力の高い人を選ぼうとするからです。

当たり前ですが、エトス（能力と個性）のレベルを上げる努力を普段からしておくことです。

もの、こと、ことば、こころの4つが重要！

別の角度から考えてみましょう。面接には、＜もの、こと、ことば、こころ＞という4つの要素が重要な役割を果たすともいえます。英語面接において、それは具体的に何なのか、わかりやすく表にしてみましょう。

「もの」の側面	「こと」の側面	「ことば」の側面	「こころ」の側面
面接者が立派かどうか？ つまり、能力（資格と技能）個性（性格と態度）が素晴らしいか？ ＜エトスに関係＞	面接者が十分に知的であるか？ つまり、知識（一般常識）意見（建設的見解）があるか？ ＜ロゴスに関係＞	面接者の英語力が十分か？ つまり、表現(what面)発音(how面)が大丈夫か？ ＜ロゴスに関係＞	面接者の精神状態は大丈夫か？ つまり、集中力自信（＝情熱）が十分か？ ＜パトスに関係＞

一般的に面接官は、あの手この手でこれらの側面をチェックするのです。そして、個々の会社の状況に合わせた質問へと入っていくわけです。だから、各項目で挙げた2つのものをそれぞれ磨いておく必要があります。その対策を簡単に表にして挙げておきましょう。

資格は常に挑戦しておく。英語であれば、最近は通訳案内士試験が通りやすくなっているので注目すべきである。	常に新聞（特に英字新聞）などに目を通し、時事に強くなること。普段から、自分の意見を構築しておく。	英語表現を身につけるには、辞書を有効活用する。「英和辞典」だけでなく「和英辞典」も読む癖を身につける。	集中力と自信は、場数を踏めばついてくるもの。普段から人前での日本語または英語のスピーチやプレゼンを心がける。

英語面接直前に心得ること…「音読」がキーワード

　面接前に英文を音読していると、頭脳に英語回路ができ、面接中、英語がスムーズに出てきます。少しでもきれいに聞こえることが、面接官の印象をよくするので、面接日は早めに起きて、朝から音読をしておくとよいでしょう。
　その際、注意することは、2つあります。
　1　小さな声でやや速めに軽やかに発音する。（私は「微速音読」と呼んでいます）
　2　イメージで意味を捉えながら発音する。（私は「右脳音読」と呼んでいます）
　この「微速音読」と「右脳音読」に加えて、私がおすすめしたいのは、英語で何かを描写したり、自分の考えを言ったりすることを心がけることです。
　学生のころ英会話サークルを運営していた私は、すべてを英語で行う英語合宿の前に、英語に慣れるため、3日前から英語しか使わない生活をしたものです。人気のゲームソフトを手に入れるのに3日前から並ぶという根性のある人がいますが、英語面接の世界でも、その3日前から英語しか使わないようにするべきでしょう。そうすると面接は難しくなくなります。
　その場合、外国人とならともかく、日本で、1人で英語をしゃべると変だ！という考えが頭をよぎるかもしれませんね。そんなことありませんよ。小さな声または、頭の中で独り言を言っても十分な練習になるからです。私は、電車の中で英語の本を読んでいる人を見つけたとき、A very tall man is sitting in front of me. I think he may be a Japanese English teacher, because he is reading a book written in English.

But I can also say that a person who reads a book written in English is not always a teacher of English; that person may have a keen interest in English or may have decided to make every possible effort to have a good command of English in the near future.（ある非常に背の高い男性が私の前に座っている。恐らく日本人の英語教師と思う。なぜなら、英語で書かれた本を読んでいるからだ。しかし、こうも言えるかもしれない。英語で書かれた本を読む人は必ずしも英語教師とは限らない。その人は英語に非常に関心があるか、近い将来、英語を十分駆使できる人になるためにできる限りの努力を決意した人かも…）などと頭の中でしゃべったものです。

　そして、英語に慣れるためしゃべった表現が正しいのかどうかわからない場合、また、「あれは何というのかな？」と思ったことがあれば、手帳にすぐにその疑問を記入しておくことです。そして、後で英和辞典や和英辞典で調べておきましょう。自ら湧き出た疑問が解決した途端、ある小さな感動が生まれ、この感動が必ず、大きな実力をもたらします。

　英語教育家の中には、英英辞典を推奨する方がいて、中には英和辞典や和英辞典を否定する人もいますが、辞書愛好家の私は、全面的に肯定します。英英辞典も素晴らしいですが、日本語を介したほうがわかりやすいことは、堂々と日本語を介しましょう。

　「辞書には普段は頼らないが、頼るべきときはとことん頼る」という姿勢が重要だと思います。

英語面接中に心得ること…「自信」がキーワード

　英語面接をしていると必ず、「まずい英語を使っちゃった。もうだめだ！」と思ったのか、途中で何やら諦めた雰囲気になる方がいます。このような方は、面接官の側からすると、不合格にしやすいものです。「不合格にしてくれ」と応募者自らが表明しているようなもので、不合格にするのにプレッシャーはかかりません。

　ところが、同じような英語を使いながらも、自信に満ち溢れた顔をしている人もいます。このような方は、面接官としても「英語が若干まずいけれど、単に普段の力を出していないだけかな？ 自信がありそうだから、落とすとかわいそうな

気もするな。もし不合格を出したら、『あれ、何で私が落とされたの？』ということになるかも…」という妙なプレッシャーを感じるものです。

　また、自信に満ちていると英語が上手に聞こえるし、また、「こんな表現だめかな？」と考えながら話すことがあまりないので、スムーズに英語が出てくるのです。「正しい英語だけれどリズムがなく声が小さい」のと「英語はちょっとどうかな？と思うけれどスムーズで声が大きい」のでは、後者が面接官にとっては好印象です。

　とにかく、面接時には、「堂々と」して、時に「ニコニコしている」べきでしょう。そうすると余裕が感じられます。その余裕は面接官を安心させます。合格に一歩も二歩も近づくでしょう。

　私が学生のころ、通訳ガイド試験の2次試験（＝面接試験）に、「こんな単語や表現もあると、面接委員に教えてあげよう！」という不遜な態度で臨みました。

　例えば、The degree to which I like English is proven by the fact that I know the longest word in English, which is pneumonoultramicroscopicsilicovolcanoconiosis.（私が英語を如何に好きかであるかは、「塵肺」という最長語を知っているという事実で証明されます）と言ったのです。同じ学生時代、交換留学生と話したときにも、同じようなことを言ったのを思い出します。

　偉そうにすることはないですが、余裕を見せることは面接官を感動させることもあるのです。とにかく、最後は「自信」がキーワードです。自信をもって面接に臨んでください。

TIPS

少し高度な単語を学んでおこう！

　高度な単語を知っていることは自信につながります。例えば、次のような時事単語は知っているべきでしょう。

decentralization	地方分権	cf. centralization は「中央集権」
deregulation	規制緩和	cf. regulation は「規制、規則」
deforestation	森林伐採	cf. forestation は「植林」
decolonization	植民地の解放	cf. colonization は「植民地化」

第1部 知識編

第1章 面接の技術と心構え

1. 英語面接を成功させる10のコツ

その1　自己紹介を完全にしておく

　何事もはじめが肝心です。英語面接に限らず、面接一般にいえることですが、最初に簡単に自己紹介させるというケースが多いものです。であれば、この簡単な自己紹介はしっかりと言えるようにしておきましょう。

　自分らしさが表れている印象的な自己紹介（30秒のものと1分のもの）を用意しておきましょう。（自己紹介のサンプルは第4章にあります）

その2　新しいことを述べる

　新しいことは人の注目を引きます。だから、面接でも新しいことを述べると印象に残ります。そのためには、常に新しい情報を求める姿勢とともに、自分独自の考え方などをもっておくことが必要です。

　インパクトのある発想を面接に取り入れてみましょう。

[例] I usually hold two concepts in high esteem: they are represented by two Chinese characters which are similar in appearance to each other. One is the Chinese character meaning "green," and the other is the one meaning "relations." I think they are both the keywords for the 21st century.

[訳] 私は通常2つの概念を重視しています。それらはお互いに見た目が似ている2つの漢字によって表されます。1つはグリーンを意味する漢字（つまり「緑」）、もう1つは関係を意味する漢字（つまり「縁」）です。この2つは21世紀のキーワードであると思っています。

面接の技術と心構え 第1章

その3　一歩進んだ単語や表現を使う

　レベルの高い単語や表現を使うと面接官は一目置きます。「こんな単語を知っているのか！」と感心することがあるのです。語彙の面で目立つことも面接成功の鍵の1つといえます。日ごろから、レベルの高い語彙を覚えておきましょう。
　面接内容は、環境問題や政治問題に対するコメントを求めるところまで発展する場合もあります。ジャンルを問わず、いろいろな単語や表現を覚えておきましょう。例えば、dis がついて意味が反対になる単語の組み合わせなどを押さえておくと有効です。

dis がつかない形	dis がつく形
proof（証明） qualification（資格） compose（落ちつかせる）	disproof（反証） disqualification（資格の剥奪） discompose（動揺させる） cf. decompose は「分解する」

その4　形容詞と副詞を上手に使う

　一般に、形容詞や副詞など単語や句や文を飾る品詞を使いこなせると、英語力があるといえます。つまり、英語のうまい人は、形容詞と副詞を多く、しかも上手に使います。（ちなみに、英語のレベルがもっと高い人は前置詞が使いこなせ、英語のレベルが最高といえる人は冠詞が使いこなせます）
　前置詞や冠詞を使いこなせるまでには時間がかかりますが、形容詞や副詞は、それらが使用される例文をしっかり覚えることで、ある程度マスターが可能です。（実際、「桃栗3年柿8年」という言葉になぞらえて、「前置詞3年冠詞8年」[前置詞のマスターには3年、冠詞のマスターには8年かかる！] という言い回しがありますが、「形容詞3カ月副詞8カ月」といえるでしょう）
　例えば、次の例を見比べてみましょう。どちらの例も最後の文が実力者の文です。

例1　My opinion is different from her opinion.
　　My opinion is different from hers.［opinion の反復がないので better］
　　My opinion is totally different from hers.［副詞 totally を効果的に使用］
　　I'm afraid to say that my opinion is totally different from hers.［I'm afraid…を入れて表現をやわらかくしているので best］

例2　I am convenient in the morning of the third.［I am と in が間違い］
　　I am convenient on the morning of the third.［on は正しいが I am が間違い］
　　The morning of the third is convenient for me.［convenient の使い方が正しい］

その5　質問文の単語や表現を即座に使う

　面接官が質問文に用いた表現をうまく繰り返すことで、面接がスムーズになることがあります。質問文を利用して即座に応答できる能力は、面接官に好印象を与えます。Well... や Let me think... などのつなぎの表現を用いて質問について考えることもできますが、面接官によってはじれったく思う場合もあるので、しっかり面接官の英語を聞いて、その一部を再利用できるようにしましょう。

例1　同じ表現を用いる場合

　　Q：Would you tell me about your **background and experience in this industry**?
　　　（この業界での経歴や経験について教えていただけませんか）
　　A：My **background and experience in this industry** are abundant and unique.
　　　（この業界での経歴や経験は豊富でユニークなものです）

例2　代名詞などを変えて用いる場合

　　Q：Is there **anything that you know about our company**?
　　　（当社についてご存知のことは何かありますか）
　　A：**Something I know about your company** is the fact that the brand of NODOGOSHI produced in your company has a 40% share of the market, the largest share in this field now.
　　　（御社について存じ上げておりますのは、御社製造の「のどごし」ブランドは市場の40％シェアで、現在業界トップとなっている事実です）

面接の技術と心構え 第1章

その6　自信に満ちた顔で臨む

　自信に満ちた顔で面接に臨みましょう。そして、質問に対して、堂々と答えましょう。その場合、英語が少々間違っていても、それを気にしてはいけません。「だめかもしれないな？」というような顔を見せたら、面接官は「合格させなくても納得するかな？」と思ってしまいます。

　プレッシャーを感じさせて、面接試験を落としにくくする作戦として、堂々としていることは大切です。そればかりか、実際自信をもって堂々と振る舞っていると英語も自然にうまくなるものです。

　面接は誰もが緊張します。そんなとき、緊張した雰囲気を一切見せず堂々としていると、面接官は頼もしく思えます。ほかの面接を受ける受験者にもプレッシャーを感じさせることになり、自分自身の面接が有利に展開するでしょう。

　だから、次のことが言えます。
　　Confidence plays a very important role in job interviews.
　　（自信をもつことが就職の面接で大きな役割を演じる）
　そして、急には自信がもてないという人は、自信のあるふりをしておきましょう。すると自然に「自信」をもつ自分が作れるものです。
　　You should pretend to have self-confidence, and naturally you will come to have real self-confidence!
　　（自信があるふりをしていると、自然に本物の自信が身につくものだ）

その7　導入表現をもっていると便利である

　例えば、次のような質問をされたらどうしますか？
　　質問：How do you cope with the stress you accumulate during work?
　　　　　（仕事中に蓄積したストレスをどのように処理していますか）
　この質問に対して、自分はどうしてるかな？ と考えてしまわないようにしましょう。面接の性格上、どのような質問をされても考え込むのは危険です。というのは、沈黙の時間がたてば、「問題処理能力」が欠けていると判断されてしまうからです。さっと答えられる訓練をしておきましょう。

15

第1部 知識編

その場合に「前置き表現」をいろいろともっておくと便利です。(詳しくは第7章第3節)

　　回答1：There are a wide variety of ways to get rid of stress.
　　　　　（ストレスを取り除くのには実にさまざまな方法があります）
　　回答2：I want to say many things about the problem you mentioned.
　　　　　（ご指摘の問題についてはいろいろ申し上げたいことがございます）

そして、導入表現は、「質問文を利用する」という法則と組み合わせると、最強の力を発揮します。次の文では、太字部分が冒頭の質問文を利用しています。

　I think there are a wide variety of ways to get rid of **the stress we accumulate during work**.
　（仕事中にためたストレスを取り除く方法はさまざまあると私は思います）

では、次のような質問はどうでしょう。

　　質問：How much do you want as a monthly salary if you work for this company?
　　　　　（この会社で働くとしたら、月給としてどれくらいほしいですか）

この質問は、きちんと答え（あるいは答え方）を用意していない限り、エレガントな即答は簡単ではありませんね。そのような場合にも導入表現は有効ですよ。

　　回答1：The answer to your question may differ from applicant to applicant.
　　　　　（ご質問に対する答えは面接の受験者によって異なるかもしれません）
　　回答2：I think it might be a good idea for me to say something about how much I got in my previous job.（転職の場合）
　　　　　（以前にどれくらいいただいていたかを述べるとよいかもしれません）

その8　面白いイディオムや表現を使う

　好きな色は？と聞かれると「青」を一番に選びやすいと心理学では言われていますが、相手が話に興味をもつのも「あお」であると、私は考えています。この「あお」は「青」でなく「あたらしい」と「おもしろい」の頭文字です。

　「新しいことを言う」という原則に加え、やはり「面白いことを述べる」というのは、面接では脚光を浴びます。とはいえ、その面白い（＝「興味深い」ことを含む）ことは急には思いつかないものです。そんなとき、いくつかのイディオムを知っ

ていると役立ちます。

　Flexibility is **the name of the game** in teamwork.
　（チームワークでは柔軟性が**肝要**です）
　I make it a rule to **make a long story short**.
　（私は常に**話は簡潔にする**ことを心がけています）

面白いな！と思うイディオムは普段から、書き出しておきましょう。

その9　ユーモアと智恵のある内容を目指す

　「面白い話」はユーモアがある話であることも多いですね。コツその8では、「面白い」ということの知的側面（つまり興味深い表現を用いる→イディオムを用いる）を紹介しましたが、ユーモアのセンスがあればさらによいでしょう。

　例えば、make a long story short（直訳：長い話を短くする）をもじって、次のようなジョークを言うことができます。（太字部分がジョークになっています）

　　Q：Tell me about some of your weak points if any.
　　　（もしあれば、あなたの弱点を述べてください）
　　A：My weak point is that **I tend to make a short story long rather than to make a long story short.** I mean I am quite talkative. I often make others happy because I crack jokes.
　　　（私のウィークポイントは「長い話を短くするのではなく、短い話を長くする」ということです。つまりおしゃべりなんです。ジョークを飛ばしてよく人を幸せにしています）

　「弱点は？」と聞かれて「ありません」という答えは、偉そうに響き印象が悪いので避けましょう。うまくジョークでかわすのがコツになります。私は、このようにジョークで対処することをwit（機知）という言葉を使って、Wit法と名づけています。

　もう1つ、Wisdom法というのがあります。これは、「なるほど！」と感動させることを言って面接官にアピールすることです。

質問：How would you encourage your subordinate in your section who is depressed by his lack of competence after failing in his business project?
（ビジネス上のプロジェクトに失敗して、自分の能力のなさにがっかりしている部下に対して、どのように励ましますか？）

[答] I will tell him that he is not lacking in competence. I'll then say, "I think it is not your ability but your method that caused your project to end in failure. Think of the English word NOWHERE. You tend to feel that your ability is nowhere or your happiness is nowhere; however, the reverse is often the case. What you feel cannot be found anywhere actually exists now and here. The word NOWHERE seems to teach that, since the word NOWHERE consists of NOW and HERE. I hope you will remember the word NOWHERE when you are discouraged." This is part of my advice I will give him.

[訳] 私は部下に能力がないのではないんだと言います。さらにこう言うでしょう。「プロジェクトが失敗に終わったのは、あなたの能力ではなくやり方に原因があったからだと思う。NOWHERE という単語を思い出してごらんなさい。能力や幸福はどこにもないと思いがちだけど、逆のことが言えることも多いのですよ。どこにもないと感じているものが、実際は「今ここに」あるものです。NOWHERE という単語はそのことを教えているようです。というのも、NOWHERE は NOW と HERE からできているからです。がっかりしたときは NOWHERE という単語を思い出してください」と。これが部下に対するアドバイスの一部です。

その10　誠実さをアピールしつつ、専門性を強調する

「せい」と読む漢字のイメージはプラスイメージのものが多いです。
　　正、生、静、清、精、聖、星、成、盛、勢、晴……
いろいろありますが、面接に大事なのは「誠」でしょう。ここで、次の質問を考えてみましょう。
　　Q：Are you interested in quantum mechanics?
　　　（あなたは量子力学に関心がありますか）
外資系で理系の企業なら、こんな質問もありえます。しかし、「量子力学」に関心がない場合、「大いに関心があります」と言ってはいけません。突っ込まれたら、きっと答えられず困るからです。
「誠」というスピリットのある人は、次のような表現を使って、やわらかい答え

方をします。
　　回答1：**I am afraid** I don't have an interest in that.
　　　　（残念ながらそれには関心がありません）
　　回答2：I **kind of** feel no interest in science **of that kind**.
　　　　（そのような種類の科学には、特に関心はありません）

「誠」なる人は、さらに、面接のはじめと終わりには、面接官に、きちんと言葉をかけるでしょう。
　　はじめ：Pleased to meet you. I am Takayuki Ishii.
　　　　　（私は石井隆之です。どうぞよろしくお願いします）
　　終わり：Thank you for your time. It's been nice talking with you.
　　　　　（時間をお取りいただきありがとうございました。大変光栄でした）
「誠」はＳ音で始まりますね。もう１つ重要なＳ音で始まるキーワードがあります。それは「専」です。「専」とは「専門性」のことです。自分の専門をアピールすることは大切なことです。それではがんばってください。

英語面接 10 訓

1. Introduction speech must be perfect.
   導入のスピーチ（自己紹介など）は完全でなければならない。
2. Novelty is the name of the game.
   新奇性（自分だけの考え方や理論を構築するなど）が肝要である。
3. Technical terms play an important role.
   専門語（高度なレベルの表現）が重要な役割を演じる。
4. Emphatic expressions impress the interviewers.
   強調表現（形容詞や副詞を駆使すること）は面接官の印象をよくする。
5. Repetitive remarks save you sometimes.
   繰り返しをうまく利用することは時々ためになる。
6. Vitality makes everything go smooth.
   元気があれば（自信がみなぎっていると）事はうまく進む。
7. Introductory expressions help you a lot.
   導入表現をもっていると大いに役立つ。
8. Entertaining expressions give you a good atmosphere.
   面白い表現（イディオムや諺）はその場の雰囲気をよくする。
9. Wit and wisdom make you look intellectual.
   ユーモアと智恵は知性をかもし出す。
10. Specialty and sincerity are the last keys to a success.
    専門性と誠実さが成功の最後の鍵となる。

＊10 訓は、先に述べた「英語面接の 10 のコツ」を英語で表記したものです。
＊10 訓の頭文字を並べると INTERVIEWS（面接試験）という単語になります！

2. 英語面接7つの基本技術

英語面接における態度はどうあるべきでしょうか。『7つの習慣』（スティーブン・R・コヴィー著、キングベアー出版）という本がありますが、英語面接の態度においても、7つのコツがあります。以下に、その7つを箇条書きで示しましょう。

その1 Be punctual.（時間を守れ）

これは当たり前ですね。どんなに面接で英語が上手でも、内容が充実していても、最初に遅刻してくるようでは、やる気がないと思われますね。もちろん、電車が遅れて遅刻するなど、やむをえない事情もあると思いますが、できる限り、早く（early）家を出るべきでしょう。途中で遅れそうだからといって、速く（fast）走るなどすると危険です。「速い」よりも「早い」を心がけましょう。

その2 Be polite.（マナーを守れ）

これも言うまでもありません。しかし、面接室に入るとき、「失礼します」的な英語表現を言うべきなのかどうか、迷いながら入ってくるのはよくないでしょう。堂々と、Hello. I am ... Nice to meet you.（失礼します。私は…です。どうぞよろしくお願いします）と言えばよいでしょう。「どうぞよろしく」に当たる英語表現はありません。「お会いしてうれしい」程度の英語にしておきます。

さらに、席まで行くと、さっと椅子に座らず、少し会釈をして待ってみましょう。するとほとんど必ず、Have a seat. または Please sit down.（お座りください）などと言われますから、その言葉を聞いてから座りましょう。マナーのよさが伝わり、好印象です。

面接が終わったときも、Thank you for your time. Nice talking with you.（どうもありがとうございました）と笑顔で退室するのが好印象です。

それから、言葉使いにも気をつけましょう。どんなに英語がスムーズに出てきても、you know（あのね）を連発するようでは、本当に英語が上手とはいえないし、しかも横柄に聞こえます。口語的なつなぎの言葉（Well ...[えっと]、Let me see[うーん]、You know [あのね] など) の代わりに、やさしい文でわかりやすく、耳にも心地よい英文を話すよう、心がけましょう。

その3 Don't panic.（パニックを避けよ）

　仮に、面接に遅れてしまった場合、また、緊張していて、Have a seat. と言われる前に座ってしまった場合、「しまった」と思って、パニックになると、面接自体もうまくいかない可能性があります。

　面接に遅れた場合は、その理由を適当に述べて（例えば、I am very sorry to have kept you waiting long. I was late because of the traffic congestion.［長くお待たせして大変申し訳ございません。交通渋滞のため遅れてしまいました］など）、気分を落ち着かせましょう。面接の中身で印象が変わる可能性もあるからです。

　Have a seat. と言われる前に座ってしまったとしても、その理由を述べる必要はないでしょう。面接官もこのことはあまり気にしないと思います。しかし、面接官がそのことで怪訝な顔をしているような場合は、ある程度の釈明（例えば、I was a bit nervous, because I sat down quickly after entering the room without listening to your "Have a seat."［私は少し緊張していました。というのは、have a seat という言葉を聞かずに、部屋に入ってすぐ座ってしまいました］など）を流暢な英語でサラリと言ってみましょう。この釈明はジョークに捉えられ、和やかになるでしょう。

　面接中、難しい質問がきても、パニックにならず、堂々と Well, it is a little bit difficult question for me to answer quickly. Would you give me a certain amount of time to think about it?（えっと、それは私がすぐにお答えするのに少し難しいです。それについて考えるため少し時間をいただけますか？）などと言って、その後もできる限りスムーズに続けると印象がよくなります。何よりも英語を話すのに慣れていると受け取られて、その後、有利になります。

その4 Don't talk too much.（しゃべりすぎるな）

　パニックにならないタイプ、すなわち、（きっと英語もうまくて）堂々としている人に対する注意があります。それはしゃべりすぎないことです。英語のうまさに面接官を感動させるどころか、簡潔にまとめるのが下手だな！と思われ、かえってマイナスです。

　どんな質問に対しても、答える時間は、面接官が指定しない限り「1分以内」

と考えればよいでしょう。どのような応答を心がけるとよいかというと、次の4 Cです。
- Clear　わかりやすいこと（何よりもこれが重要！）
- Concise　簡潔にまとめること（わかりやすく、くどくど言わないこと）
- Consistent　首尾一貫していること（矛盾した内容をしゃべらないこと）
- Comical sometimes　時々面白いこと（でも、無理に笑わそうとしないように）

その5 Use proper eye delivery.（相手の目を見てしゃべれ）

　日本人が苦手とするところですが、特に西洋人には、目をじっと見ながらしゃべりましょう。緊張から、妙にきょろきょろすると挙動不審と思われ、印象が悪くなりますよ。

その6 Give a clear-cut answer.（YesとNoははっきりと）

　時々、There are many gray areas between yes and no of the Japanese.（日本人のYesとNoの間には多くのグレーゾーンがある）とか、さらにはJapanese yes means no and no means yes sometimes.（時々日本人のYesはNoでNoはYesだ）などといわれたりするほど、日本人はYesとNoがはっきりしないことが多いです。

　だから、いかなる質問にもはっきりした態度を示しましょう。プラスイメージの方向ではっきりと答えるのがいいでしょう。Are you willing to work overtime?（あなたは残業をよろこんでしますか？）と聞かれたら、Yesと即座に答えましょう。

　私は、大学教員公募の際、書類選考で多くの応募者を数名に絞り、英語面接をしたことがありますが、その際、Are you willing to work on Sunday?（日曜日も働きたいですか）などと意地の悪い質問をすることがあります。実際に日曜日に仕事がそれほど多いわけではないけれど、あえて質問するのです。応募者の意欲を垣間見るチャンスだからです。結果的に、そのとき一番反応のよかった人が採用になりました。

　ですから、逆に言うと、この種の質問は、応募者にとっても面接官を喜ばせるチャンスとなります。間髪入れず、Yesと回答した人は印象がよくなるからです。

　このような回答にも、基本技術その2のマナーを忘れてはいけません。いくら西洋人に対してYesとNoをはっきりすることが重要とはいえ、マイナスの印象に

なる回答は避けるべきですし、言い方もぶっきらぼうではいけません。

　　Q：Would you be willing to relocate to one of our branch offices overseas?
　　　　（当社の海外事務所に転勤となることも受け入れていただけますか）

　このような質問に堂々と Yes というのも一法ですが、外資系企業なら、相手の意欲を聞いているのではなく、実際に海外で働く意志を聞いている可能性があります。従って、事情がありそれができないと思われる場合は、No と言わざるを得ないでしょう。そのときに、次の回答はどうでしょう。

　　A：No. As a matter of fact, I don't want to work overseas.
　　　　（いやです。実際、私は海外で働きたくありません）

　この回答は失格です。まず、No がぶっきらぼうで、その後、素直な自分の感情を述べているようですが、面接官にとっては印象が悪いでしょう。この応答では、「私を不採用にしてくれ」と言っているようなものですよ。模範解答は次のような答え方です。

　　A：I am afraid to say that the answer to your question is "no" at the moment. I have to take care of my father, who is ill in bed. Actually, I am willing to work overseas. If the situation changes for the better, I can work there of course.
　　　　（残念ながら、現時点では、そのご質問に対し No と言わざるを得ません。というのは、病気の父の面倒を見なければならないからです。実際には、海外勤務に対してはやる気はあります。状況が好転したら、もちろん働くことができます）

その7 Be a good listener.（聞き上手であれ！）

　会話の技術の基本中の基本が GOOD LISTENER を目指すことですが、これは、面接にも当てはまります。

　「聞く」という行為は、優しさと賢さの両方に通じます。優しい人は、悩みをじっくりと聞いてあげるし、一方、賢い人は、人の言うことに耳を傾け、必要な情報をつかみ取るからです。

　漢字の「聖」という字を眺めてみましょう。「耳」と「口」の「王」が聖人とい

うことと読み取れますが、まず、「耳」から書きますね。「耳」、すなわち、聞くことが大切であるとこの漢字は主張しているようです。だから、A good listener is a good conversationalist.（聞き上手は会話上手）であると同時に、A good listener is almost a saint.（聞き上手はほとんど聖人）といえるのではないかと思います。

面接では、特に面接官の言うことをしっかりと聞くことが大切です。その聞くという態度の「真剣さ」で、面接官に好印象を与え、さらに、内容をしっかり聞けば、何をどう答えてよいかが判断でき、その結果、質問に対する回答の「的確さ」で、面接官を納得させることができるわけです。聞き上手を目指しましょう。

英語のスピード

ナチュラルスピードを目指すとよいでしょう。しかし、何もペラペラしゃべればよいというものでもありません。内容がしっかりしていることが先決です。英語のうまいことは理解されても、中身が伴わなければ、好印象を与えることはできません。

さて、ナチュラルスピードとはどれくらいの速度でしょうか。状況により異なりますが、1分間に160語から240語といわれています。本をわかりやすく朗読する場合のナチュラルスピードは160語、レベルの高い単語や表現が用いられる可能性が最も高い大学の講義などでは170語、ある程度のレベルの単語や表現が出てくる可能性があるニュースは180語、人前でのスピーチは190語、日常会話は200語から210語、早口の人の会話は230語から250語ぐらいです。

英語面接におけるスピードは、1分間に170語から190語ぐらいを目指すとよいでしょう。

3. 英語面接の準備と心構え

面接の準備として行っておくべき具体的なこと

　面接が、会社の採用や資格試験合格のための最後の関門であるのは間違いありません。この最後の関門を突破するには、それなりの準備が必要です。具体的にどのようなことをしておけばよいのかを示してみましょう。

(1) 面接を受ける会社の情報を集めておく

　その会社の有力商品や実績などを英語で言えるように練習しておくことも必要です。

(2) 自分の故郷や現在住んでいるところの基本的情報を調べておく

　自己紹介に加えて、自分の故郷や現在住んでいるところについて聞かれる可能性があるからです。

(3) 予想される質問をノートに書き出し、その答えをメモしておく

　予想される質問に対して回答を用意することは、面接対策としては当たり前ですね。本書では、基礎的なものから応用的なものまで詳しく触れています(第5章)。

(4) WHYに対して答えることができるよう日ごろから訓練しておく

　日本人は「理由」を答えることに慣れていません。従って、日ごろから、I like 〜 because ...（私は〜が好きだ。なぜなら…だから）というような個人的な（ある意味ばかばかしい）情報まで、できるだけ言えるようにしておくことが重要です。

(5) 表現力向上に有効な表現を日ごろからメモしておく

　英語面接は英語で行われるのだから、英語表現の豊富さやエレガントさに面接官は心打たれます。だから、英語力には常に磨きをかけておくことが必要で、この準備を怠って面接での成功はありえないと思ってください。

面接時における心構え

英語面接における基本技術として、第1節で10のコツ、第2節で7つの態度を示しましたが、ここでは、具体的にどのような心構えが必要かを見ておきましょう。

(1) 強調したいところは繰り返す

自分自身のアピールしたい内容を繰り返して述べることで、相手に印象づけることが必要でしょう。その場合、同じ言葉をそのまま繰り返すだけでなく、少し表現を変えることも試みましょう。次のような表現も有効です。

I would like to say this once again.
（このことをもう一度述べたいと思います）
What I would like to say is this.
（私が言いたいのはこういうことです）

(2) こちらから弱点を述べない

日常の日本人同士の会話では、遠慮したつもりで、または、正直が一番ということで弱点を述べてしまうことがありますが、英語面接では、弱点を自分からすすんで述べることはしないようにしましょう。「あー、そうなの？」と、弱点に注意が向けられ、やぶへびになりますよ。

また、例えば弱点を示せという質問、What do you consider to be your weak points?（あなたは何を自分の弱点と考えていますか）に対しても、馬鹿正直に弱点を述べることは避けましょう。プラスにも発想できることを、ややジョーク的に述べるのがコツです。

そして、その**弱点をどのように克服しようとしているかを述べる**と、逆に好感度がＵＰします。

例 My only weak point is that I am forgetful. I am forgetful, especially about something bad which happened in the past. **I make it a rule to take a note in my pocket notebook** in order to overcome this weak point of mine.

[訳] 私の唯一の弱点は、忘れっぽいというところです。特に、過去に起こった悪い出来事は忘れやすいですね。私は、この弱点を克服するために、手帳にメモを残すということを心がけています。

（3）弁解はよくない

どんなことにおいても、弁解するのは見苦しいものです。例えば、次のような質問を考察してみましょう。

Q：Why didn't you take the TOEIC test while you were a student?
（なぜ学生時代に TOEIC テストを受けなかったのですか）

TOEIC を受験していない人は、このような質問を受けることが多いと思われますが、この質問に対して、次のような回答は避けたほうがよいでしょう。

A：I am sorry I didn't take it. The reason why I didn't take it is just because I was too busy.
（受けてなくて申し訳ありません。受けなかった理由は、ただ忙しすぎたからです）

忙しいというのは、理由にならないということを肝に銘じておきましょう。理想的な理由は、自分の価値判断で受けなかった（つまり「受けることができなかった」のではない）ということであるべきでしょう。

A：I kind of felt that it was more important for me to study about computer technology rather than take the famous TOEIC Test. The reason I did not take the test is simply because the test could not check applicants' speaking and writing ability objectively at the moment. More important, of course, is whether or not people can speak or write the English language properly, not the fact that they will take the test.
（有名な TOEIC テストを受けるより、コンピュータ技術を学ぶほうが私には重要と何となく感じておりました。私がそのテストを受けなかった理由は、そのテストが受験者のスピーキングやライティング能力を客観的にチェックできないからです。もっと重要なことは、もちろん、英語を適切にしゃべれたり、書けたりすることで、その試験を受けるという事実ではないはずです）

積極的に自分の意見を表明することは、レベルの低い釈明とは異なります。

（4）自分の得意な分野に話をもっていく

　自分の得意な話だと、話が弾むものです。なかなかうまく答えられない質問に対し、可能なら（つまり不自然でなければ）、得意な話題に転換していく術を身につけるとよいでしょう。例えば、次のようなつなぎ表現で、得意な分野にもっていくことができます。

[例1] In this connection, let me say a few words about ...
[訳] これに関連して、…について少し述べさせていただきます。

[例2] Not to change the subject, I really want to touch upon ...
[訳] 話を変えるつもりはないのですが、…について触れさせてください。

（5）聞き取れなかった場合は、丁寧に聞き返す

　基本的に英語を用いてコミュニケーションを図る場合は、相手が英語のネイティブスピーカーなら、どうしても聞き取れないことがあっても不思議ではありません。もし、聞き取れなかったら、丁寧に聞き返すことが必要です。わからない状態で、適当に答えるとマイナスイメージにつながります。聞き返すときは、次のような表現を用いるとよいでしょう。

　Pardon me?
　（もう一度お願いします）
　Would you say that once again?
　（もう一度言っていただけますか）
　I just couldn't understand your question well. Would you be more specific?
　（質問が少しわかりにくいので、もう少し具体的にお願いできますか）
　Can I understand your question this way?
　（ご質問をこのように理解してよろしいでしょうか）

第2章
面接の流れを理解する

1. 面接の種類

　一言で面接といっても、いろいろな種類があります。主に４つの観点から、面接を分類してみましょう。

観点	面接の名称	特徴
自由度	形式面接 Structured interview	あらかじめ用意された質問に沿って行われる面接
	非形式面接 Informal interview	質問が設定されず、自由に進める形式の面接
ふるい	審査面接 Screening interview	一定の基準に達する人を厳選するための面接
	最終面接 Final interview	最終的に合格者を決定する面接
複数面接	チーム面接 Team interview	面接官（interviewer）が複数で行う面接
	グループ面接 Group interview	応募者（interviewee）が複数で行う面接
注意すべき面接	課題面接 Situational interview	課題を与えて、どう対処するかをチェックする面接
	ストレス面接 Stress interview	難しい質問や、わざと反論するなどして、態度や応答の技術をチェックする面接

2. 7つの段階別対策

　第1節で挙げたそれぞれの面接にはそれぞれの対処法がありますが、これらに共通した点もあります。本節では、これらの面接に共通する一般的流れに沿った対策を見てましょう。

流　れ	内　容	面接内容に関する説明
第1段階	（入室）簡単な会話	会話の目的はリラックスさせること。
第2段階	自己紹介	簡単な自己紹介を求められる。
第3段階	基本的質問	面接官から重要な質問がなされる。
第4段階	応用的質問	一歩進んだ質問がなされる。
第5段階	質問受付	受験者に質問のチャンスを与える。
第6段階	質問に対する回答	その質問に対する回答を行う。
第7段階	まとめ（退室）	面接の締めくくりを行う。 （今後の予定がアナウンスされる）

第1段階の対策

　面接室に入るとき、ノックを3回したのち、入室後、いったん立ち止まって、軽く会釈し、椅子のところまで行きます。その後、Please be seated.（どうぞお座りください）などの言葉を聞いてから、Thank you. という声をかけて座ります。

　当たり前ですが、usher（面接室までの案内人）がいる場合は、その方がドアを開けますので、ノックの必要がありません。

　本格的面接（第2～第4段階）に入る前に、面接官との簡単な会話が行われる可能性があります。その際のいくつかの応答例を示しましょう。

第1部 知識編

例1 Q: Did you have a hard time finding the building?
A: Not at all. Your company gave me very precise directions beforehand; therefore, I had no trouble finding the building.

訳 Q: ビルを見つけるのに苦労しましたか？
A: まったく苦労しませんでした。御社のほうで前もって非常に正確な指示をいただきましたので、ビルを見つけるのに苦労はまったくありませんでした。

例2 Q: Are you nervous? If so, please relax.
A: Yes, I am a little bit nervous, but actually, my passion is a lot stronger than my nervousness.

訳 Q: 緊張されていますか。もしそうならリラックスしてください。
A: 少し緊張しています。しかし実のところ、情熱のほうが緊張よりもずっと勝っています。

例1で、the building とはもちろん、面接の会社が入っている、または、面接室があるビルのことですね。たとえ、到着するのに苦労したとしても、上記の答え方でよいでしょう。たいてい、場所についてはきちんと知らせているものだからです。

第2段階の対策

第2段階の対策としては、第4章でコツを述べています。ここでは、自分自身のことを述べるのに有益な表現をいくつか紹介しておきましょう。

「愛好家」のいろいろ

a cycling enthusiast　自転車愛好家
a computer buff　コンピュータ愛好家
a theater lover　演劇愛好家
a sumo fan　相撲愛好家
a coffee lover　コーヒー愛好家
a peace lover　平和愛好家
a devotee of music　音楽愛好家
a devotee of the fine arts　美術愛好家

a music devotee や a fine arts devotee とはふつう言いません。a devotee of … の形で「…愛好家」の意味になります。

資質を表す表現

an active risk taker　積極的に挑戦する人
a careful observer　注意深く観察する人
a good listener　聞き上手
a good conversationalist　話し上手
a hard worker　一生懸命働く人
a decision maker　決裁権のある人
a quick learner　学ぶのが早い人
a self-starter　自発的な人
a result-getter　目的を達成する人

前置詞を伴う表現もあります。

a man of his word　約束を守る人
a man of high caliber　能力の高い人
a man among men　男の中の男
an authority on …　…の権威
an expert in …　…のエキスパート

＊authority と expert で後にくる前置詞が異なる点に注意しましょう。

有益で注意すべき性格形容詞

decisive　決断力のある
adaptable　適応能力のある
flexible　柔軟性のある
cooperative　協調性のある
systematic　計画性のある
reliable　信頼性のある
ambitious　覇気のある
aggressive　積極的な

tenacious　粘り強い
amiable　愛嬌のいい
amicable　友好的な
punctual　時間厳守の
disciplined　規律正しい
outgoing　外向的な

well を用いた一歩進んだ形容詞

well-rounded　（体が）ふくよかな、（心が）円満な、（経験などが）多方面にわたる
well-spoken　雄弁な
well-balanced　常識のある
well-bred　育ちのよい
well-thought-of　評判のよい
＊ well-thought-out（計画など）綿密に練られた
well-turned-out　身なりのよい

前置詞と組み合わせた次の例も重要。

He is well-informed about/of India.（彼はインド通だ）
She is well-read in law.（彼女は法律に詳しい）

有益な複合形容詞厳選

warm-hearted　心優しい ⇔ cold-hearted　心冷たい、無慈悲な
cool-headed　冷静な ⇔ hot-headed　せっかちな
[注意] soft-headed だと「頭が柔軟」ではなく、「頭が弱い、馬鹿な」の意味。

detail-oriented　精密な発想の
goal-oriented　目標志向の、目標達成型の
stress-resistant　ストレスに強い
down-to-earth　現実的発想の、地道な

第3段階の対策

基本的質問は、第3章の第1節に挙げています。これに対する対処法は、第5章第1節で具体的に説明しています。ここでは、いくつかの状況を設定し、どのように切り抜けるのがよいかを示しましょう。

面接官の言っていることが聞こえなかったとき

Would you speak in a little louder voice, please?
（もう少し大きな声でお願いできますか）

＊in a louder voice よりも a little などをつけて控えめに言うほうが望ましい。

面接官が早口だったとき

Would you mind speaking a little more slowly, please?
（もう少しゆっくりと話していただけますか）

面接官の言っていることがわかりにくいとき

Would you be a little more specific（about it）, please?
（もう少し具体的に述べていただけますでしょうか）

specific とは「具体的」の意味。**about** 以下に具体的に言ってほしい内容を入れることもできます。

Would you be a little more specific about the project?
（そのプロジェクトについてもう少し具体的に述べていただけますか）

質問に対する自分の理解を確認したいとき

Am I correct in understanding your question this way?
（このように質問を理解してよろしいですか）

答えにくい質問をされたとき

Well, it is a little bit difficult for me to answer that question quickly. Would you give me a little time to think about it?
(そのご質問にお答えするのは少し難しいです。少し時間をいただけますか)

専門外のことを聞かれたとき

I am afraid to say that I cannot answer the question properly, because the area is outside of my expertise.
(残念ながら、私の専門分野ではないので、その質問に適切にお答えすることはできません)

＊「答えられない」といったん言っても、**自分なりの見解を添えることが重要**です。
　→ However, let me say a few words about my way of thinking about it.
　　(しかしながら、私の考え方について少し述べさせていただきます)

自分の発言を簡単にまとめたいとき

I talked a lot about many things. In short, what I want to say is this!
(ごちゃごちゃ述べてしまいましたが、要するに私の言いたいことはこれです)

＊この場合、this の後に、言いたいことを続けないといけません。

第4段階の対策

　第3章第1節にある応用的質問に対する具体的な対処法は第5章第2節で述べています。ここでは、状況別に、最低限の対処法を示しておきます。

意見を求められて、賛成でも反対でもないとき

This is a very good question, because it is hard for me to answer quickly. My standpoint is not for or against the idea.
(非常に素晴らしい質問ですね。なぜならすぐには答えにくいからです。私の見解は賛成でも反対でもありません)

＊この後、「どういうことなのか」に対するさらなる説明が必要。

意見を求められて、賛成とも反対とも言えるとき

I admit that my answer to the question is yes and no though you may feel it is strange!

（変だと思われるかもしれませんが、その質問に対する私の答えは「はい」と「いいえ」と言わざるを得ません）

＊この後、きちんと説明する必要ある。Yes means... and no means...というような形などを用いて、説明するとよい。

あまりにも個人的な質問をされたとき

通常は、How old?（何歳？）とか Are you married?（結婚してるの？）などの質問は通常想定されませんが、もし聞かれたら、丁寧に、その質問の意図を聞くのがよいでしょう。

例　Q：Are you married?
　　A：Would you please explain to me how the answer to this question is relevant to the position?

訳　Q：結婚していますか？
　　A：この質問に対する答えがどのように、この職に関係しているのか、ご説明いただけますか。

＊もちろん、そのままきちんと答えるという選択肢もありますが、このような面接官はどんどん個人的な質問をしてくることがあるので、上記の表現を使えるようにしておきましょう。

難しい質問に答えてほめられたとき

　もし、面接の途中でほめられた場合は、素直に喜びの言葉を述べましょう。日本人的に謙遜することはありません。日本的な謙遜（「全然だめです、まだまだです」など）は外資系企業にはマイナスに響きます。２つ例を挙げましょう。

例1) 面接官：You speak English very well.
　　　　　　あなたの英語は大変上手ですね。
　　　受験者：Thank you very much for your compliment. I am very happy to hear you say that, but I want to improve my English to the extent that it is satisfactory enough for me to communicate perfectly.
　　　　　　お世辞をありがとうございます。そのように言っていただき非常に光栄です。しかし、完璧なコミュニケーションをするのに十分満足な程度にまで英語力を伸ばしたいと思っています。

例2) 面接官：Your answer is quite impressive.
　　　　　　あなたのお答えは非常に印象的ですね。
　　　受験者：Thank you very much for your compliment. I am very happy to know my answer seems to be satisfactory.
　　　　　　お世辞をありがとうございます。私の回答が満足いくもののようで非常に光栄です。

第５段階の対策

　この段階では、面接官が、受験者に質問をするチャンスを与えてくれます。その場合、面接官は次のような表現を用います。

質問受付の表現

例1) All the questions I wanted to ask are now over. Now, I would like to give you a chance to ask any question. Is there any question you want to ask now?
　　私がお尋ねしたかったすべての質問はこれで終わりです。さて、あなたのほうから質問をお受けしたいと思います。今、何か聞いておきたいことはありますか？

例2) The interview from our side is now over. Do you have any questions? I hope you will be free to ask any question.
　　私どもからのインタビューはこれで終わりです。何かご質問はありますか？　自由にお尋ね

いただいてけっこうです。

　面接官に質問ができる段階では、特に質問がない場合と質問がある場合に分けて、対策を見てみましょう。

特に質問がない場合

例1　Thank you very much for giving me a chance to ask. However, there is no particular question I want to ask at the moment. I perfectly understand what you said in this interview.
　　質問の機会を与えていただき光栄です。しかしながら、現在のところお尋ねしたい質問は特にございません。この面接でお聞きしたことは完璧に理解できています。

例2　Thank you for telling me, but I have nothing in particular to ask about at the moment. Everything is OK with me now.
　　そのように言っていただきありがとうございます。しかし目下のところ質問したいことは特にございません。今のところすべて問題ございません。

質問がある場合

　　Thank you very much. May I ask one question?
　　（ありがとうございます。では1つ質問よろしいですか）
　　Thank you very much. Well, I have three questions in mind. May I ask you one by one?
　　（ありがとうございます。3つほど質問があります。1つずつご質問します）

　最後に、注意を1つ。質問がない場合でも、ぶっきらぼうに Nothing in particular.（特にありません）と答えるのは感心しません。少なくとも、質問の機会を与えられたことに感謝すべきでしょう。

第6段階の対策

　第6段階は、受験者が行った質問に面接官が回答する段階ですが、その際の注意事項は、面接官の目を見て、回答していることに対して、真剣に耳を傾けるということです。

面接官が回答しているときに、目をそらしていたり、ボーっとしていたりすると、面接官の印象はよくありません。注意しましょう。
　次に、いくつかの状況に対する回答例を挙げておきます。

面接官の回答がはっきりしない場合

　Would you explain a little more about it?
　（それについてもう少しご説明願えますか）
　Could you be a little more specific about it?
　（それについてもう少し具体的に説明願えますか）

注意 more clearly（もっと明確に）や more intelligibly（もっとわかるように）などの表現は相手を批判することになるので避けること。more だけでなく a little をつけたほうが印象がよい。

面接官が回答を控えた場合

　面接官：We are sorry to say that we are not supposed to give that sort of information you require to our applicants.
　　　　（残念ながら、お尋ねの情報は当面接ではお答えできないことになっております）
　受験者：I am sorry I did not know that. It seems that I was asking too much. That is OK with me. Please forget it.
　　　　（そのことを存じませんでした。どうもすみません。要求しすぎだったみたいですね。私としては問題ありません。どうぞお忘れください）

　そして、面接官がきちんと答えてくれた後は、感謝の言葉を忘れないことが大切です。
　Thank you very much for answering my question.
　（私の質問にお答えくださり、感謝いたします）

第7段階の対策

「始めよければすべてよし」や「終わりよければすべてよし」という意味の言葉があります。つまり、真ん中がどうであれ、第一印象や最後の印象が、すべてを決定することが多いということです。面接も、終わり際をさわやかに気持ちよくしておきましょう。

面接官が最後に「面接はすべて終わりました。退室してけっこうですよ」という言葉をかけますので、それに対して感謝の言葉を述べて、退室するようにしましょう。

面接官：That's all for our interview. You may leave now.
　　　　（面接は以上で終了です。退室していただいてけっこうです）
受験者：Thank you for your time. It's been nice meeting you.
　　　　（どうもありがとうございました。それでは失礼いたします）

TIPS

最初は不定詞、最後は動名詞

最初に会ったときは、It's nice to meet you.（口語では Nice to meet you.）で、直訳すれば「あなたにお会いできてうれしいです」となりますが、実質的には「はじめまして」または「どうぞよろしくお願いします」の意味になります。面接室に入って、椅子に座って、いきなり質問されることがない場合、I am ... Nice to meet you.（私は…です。どうぞよろしくお願いします）と述べるとよいでしょう。

面接終了後、退室のために立ち上がりますが、その直前に、感謝の言葉を述べます。そのとき、上記にあるように It's been nice meeting you.（直訳すると「お会いできて光栄でした」ですが、実質的には「それでは失礼します」程度のニュアンスになります）を用います。つまり、meeting と動名詞を用います。というのは「すでにあった」ことを表す場合は動名詞を用いるのが原則だからです。最後の台詞は、It's been nice talking with you.（楽しくお話できました）でもOKです。

第3章 面接官がよく聞く質問

1. 英語面接よくある質問

　面接官の質問には、形式的には疑問文と命令文（主に Tell me...の形）があります。以下に、面接時の質問を日英対照の形で示します。第5章で、基本的質問に対しては詳しく、応用的質問に対しては簡単な回答例を示しています。

基本的質問　　　　　　　　　　　　　　　　　　　　レベル1～レベル2

英　文	日　本　語　訳
1．Tell me about your hobby.	1．趣味について教えてください。
2．How do you spend your leisure time?	2．暇な時間はどのように使いますか？
3．How do you keep fit?	3．あなたの健康法は？
4．What is your strong point?	4．長所はどういうところですか？
5．Tell me about your weakness?	5．あなたの短所について教えてください。
6．What do you know about this company?	6．当社について知っていることは何ですか？
7．What motivates you to apply to our company?	7．志望動機は何ですか？
8．What are your long-term career objectives?	8．仕事上の長期目標は何ですか？
9．Why do you want to change jobs?	9．なぜ転職を希望しているのですか？（転職希望者の場合）
10．Can you work on weekends?	10．週末に働くことができますか？
11．Are you willing to work overtime?	11．残業は大丈夫ですか？
12．What are your governing values?	12．あなたの価値観を教えてください。

語句　keep fit 健康を保つ　　long-term goals 長期目標　　governing values 価値観

＊7番は、Why do you want to work for this company? と聞かれることもある。
＊9番は、Why are you leaving your present job? と聞かれることもある。
＊ work overtime は「残業する」、overwork は「働きすぎる」（11番参照）

応用的質問その1　準備していれば比較的やさしい質問　レベル1

英　文	日　本　語　訳
13. Who do you respect most?	13. 最も尊敬する人は誰ですか？
14. What do people like most about you?	14. あなたが人から好かれるのはどんなところだと思いますか？
15. What do you dislike most about yourself?	15. 自分のどんなところが最も嫌いですか？
16. Have you ever acted as a leader?	16. リーダーシップをとった経験はありますか？
17. Tell me about your educational background.	17. 学歴について教えてください。
18. Tell me about your working experiences.	18. 職歴について教えてください。
19. What was your major?	19. 専攻は何でしたか？
20. Why did you choose that major?	20. なぜ、その専攻を選んだのですか？
21. What are you favorite books and movies?	21. あなたの好きな本や映画は何ですか？
22. What is the most interesting book you have recently read?	22. 最近読んだ中で一番面白かった本は何ですか？
23. Tell me about your successful experiences.	23. あなたが成功した体験を教えてください。
24. Tell me about your unsuccessful experiences.	24. あなたが失敗した体験を教えてください。

応用的質問その2　答えるのが若干難しそうな質問　レベル2

英　文	日　本　語　訳
25. What was your most painful experience in your life?	25. 今までで最もつらかったことは何ですか？

26. How did you get over the difficult situations that you had ever faced?	26. 過去に直面した困難な状況をどうやって克服しましたか？
27. How do you think your friends would describe you?	27. 友人はあなたのことをどう見ていると思いますか？
28. How do you bounce back from a setback?	28. あなたは挫折からどう立ち直りますか？
29. What are your treasured words?	29. 大切にしている言葉は何ですか？
30. What do you think is the most important in communication?	30. コミュニケーションで大切なことは何だと思いますか？
31. How can you make a contribution to our company?	31. あなたは当社にどう貢献できますか？
32. Do you know what kind of work our company has?	32. 当社の仕事を理解していますか？
33. In what work are you most interested in our company?	33. 当社のどんな仕事に関心がありますか？
34. What interests you most about this job?	34. この仕事のどこに興味をもっていますか？
35. What's your impression of our company?	35. 当社の印象はどうですか？
36. What do you think is the most important qualification for this job?	36. この仕事で最も重要な資質は何だと思いますか？

語句 bounce back from a setback（挫折から立ち直る）　treasured words（大切にしている言葉）
＊ qualification に「資格」の意味もあるが、「資質、能力、適性、条件」の意味もある。

　She has no qualifications for the job.
　（彼女はその仕事をする能力はない）
　The manager evaluated his subordinate's suggestion, but with qualifications.
　（部長は部下の提案を評価したが、手放しでというわけではなかった）

応用的質問その3　意外性の高い質問　レベル3

英文	日本語訳
37. Why didn't you do better in your college?	37. 大学時代はなぜ成績がよくなかったのですか？
38. Could you explain why you have changed jobs so often?	38. どうして仕事を次々に変えたのですか？
39. How aggressive are you?	39. やる気はありますか？
40. Tell me about your philosophy.	40. あなたの人生観について教えてください。
41. Are you a self-starter?	41. あなたは自主的なほうですか？
42. Would you hire yourself if you were the interviewer of our company?	42. あなたが面接官だとしたら自分を採用しますか？
43. Are you applying to other companies?	43. ほかに応募している企業はありますか？
44. Would you like to climb up the corporate ladder in future?	44. 将来は出世したいですか？
45. Do you want to be the president of this company?	45. 当社の社長になりたいと思いますか？
46. What would you do if you were not assigned to the department of your choice?	46. 希望の部署に配属されなかった場合はどうしますか？
47. Do you have any suggestions to our company?	47. 当社に何か提案はありますか？
48. What kind of people are you reluctant to work with?	48. どんな人と一緒に働きたくないですか？

語句　self-starter 自分で何でも始める人

* 37番の質問は、大学時代の成績があまりよくなかったという受験者に対するもので、若干きつい感じがするが、外資系企業なら、このようにストレートに聞かれることもある。
* 39番の質問の意味の理解に戸惑う受験者が多いが、「やる気」を尋ねている。ほかに How ambitious are you? も同意である。
* 40番の質問にも戸惑う人が多いが、「人生観」について語ればいい。即座に回答が難しければ、「モットー」を言えばよい。**戸惑わず、すかさず何かを述べることがポイント**である。

応用的質問その4　受験者自身の情報に関する質問　レベル2

英　　文	日　本　語　訳
49. Tell me about your outlook on the world.	49. あなたの世界観を教えてください。
50. Is there anything you do to maintain good health?	50. 健康のために何かしていますか？
51. What is your most impressive experience you have ever had?	51. 今までで一番感動したことは何ですか？
52. What is your special concern about recent news?	52. 最近のニュースであなたが特に懸念しているものは何ですか？
53. What was your role in the club activities?	53. クラブ活動でのあなたの役割は何でしたか？
54. Why did you quit the club activities?	54. クラブをやめたのはなぜですか？
55. What do you do to improve yourself?	55. ステップアップのためにしていることはありますか？
56. What skills would you like to master?	56. 身につけたいスキルはありますか？
57. Why do you think you will be an asset to our company?	57. あなたが当社の財産になると考えるのはなぜですか？
58. What is the theme of your graduation thesis?	58. 卒業論文のテーマは何ですか？
59. Tell us about your good friends.	59. 親友について話してください。

＊49番に出てきた「○○観」という表現は、いろいろと応用できる。
　人の…観＝ a person's outlook on …（例：my outlook on life 私の人生観）
＊54番のような質問は、病気や事故のためなどというマイナスイメージの回答は事実であっても避けるべきである。別にすることがあったなど、自分のステップアップや資格取得などプラスの理由が望まれる。
＊55番に関し、次の表現を使い分けよう。
　　improve oneself　自分自身をステップアップする
　　prove oneself　本領を発揮する

応用的質問その5　意見を問う質問　レベル2

英　　文	日　本　語　訳
60. What do you think about our products and services?	60. 当社の商品・サービスをどう思いますか？
61. What do you think are our greatest strengths and faults?	61. 当社の最大の強み・弱みは何だと思いますか？
62. What do you think about the current situations in this field?	62. この業界の現状をどう思いますか？
63. What do you think is necessary to influence someone?	63. 人を動かすには何が必要だと思いますか？
64. How do you handle severe criticism to your work?	64. あなたの仕事が酷評されたとき、どう対処しますか？
65. What do you think is the most important thing to conduct business?	65. 仕事をする上で最も大切だと思うことは何ですか？
66. How do you deal with difficult people?	66. 扱いづらい人にはどう対処しますか？
67. How would you evaluate yourself?	67. あなたは自分をどのように評価していますか？
68. What do you think about working under pressure?	68. プレッシャーの中で仕事をすることをどう思いますか？
69. Which position would you like to occupy in future?	69. 将来はどんな役職につきたいですか？
70. What would you do if you were rejected?	70. 当社で不採用の場合どうしますか？
71. Would you enter our company if you received an informal job offer?	71. 内定が出たら、当社に来ていただけますか？

語句　informal job offer　内定

＊63番で influence（…に影響を与える）は「人を動かす」に当たる単語。affect を用いるとマイナスイメージを暗示する。
　What do you think affects others?
　（何が人に悪影響を与えると思いますか？）

第1部 知識編

＊ 70 番で reject は「不採用にする、不合格にする」、refuse「（申し出・招待）を断る、（依頼を）断る」と微妙に使い方が異なるので注意すること。会社が応募者を reject し、内定者は会社の内定（offer）を refuse する。

 She was rejected for the position.
 （彼女はその地位［の仕事］を断られた）
 He rejected two candidates as unfit.
 （彼は2人の応募者を不適格者とした）
 She refused the invitation.
 （彼女は招待を断った）
 The bank refused him the loan.
 （銀行は彼の融資［の依頼］を断った）

応用的質問その6　転職の際によく聞かれる質問　　レベル1

英　　文	日　本　語　訳
72. Why did you leave your last company?	72. なぜ前の会社を辞めたのですか？
73. Why do you want to change jobs?	73. なぜ転職しようと思ったのですか？
74. What did you do in your previous company?	74. 前の会社ではどんな仕事をしていましたか？
75. What was your last salary?	75. 前の会社の給与はどのくらいでしたか？
76. How much salary do you expect us to pay you?	76. 給与はどれくらいを希望しますか？
77. Are you willing to travel?	77. 出張は可能ですか？
78. Are you willing to be transferred to one of our branch offices?	78. 転勤は可能ですか？
79. Are you willing to work abroad?	79. 海外出向は可能ですか？
80. Why have you job-hopped so much?	80. 転職を繰り返した理由は何ですか？
81. Have you ever been fired?	81. 解雇になったことはありますか？
82. How did you get along with your superior in your last job?	82. 以前の会社の上司との関係はどうでしたか？

＊ 77 番の travel は「出張する」という意味。「旅行はすすんでしますか？」の意味ではないので注意。

面接官がよく聞く質問　第3章

[語句] travel の意外な用例
　　　He travels to work by car.
　　　（彼は車で通勤している）
　　　She travels in cosmetics.
　　　（彼女は化粧品のセールスをして回った）
　　　Her music travels well.
　　　（彼女の音楽は広く受け入れられている）
　　　this wine doesn't travel well.
　　　（このワインは長距離輸送がきかない）

＊81番について、実際に解雇されたことがあっても、「ない」と答え、自分で道を選んだと発想すること。そして、82番に関し、前の会社や上司の悪口を言わないこと。たとえ前の会社や上司が悪くても、悪口を言うのはレベルが低く見られると心得よう。

応用的質問その7　転職の際の一歩進んだ質問　　レベル2〜レベル3

英　　　文	日　本　語　訳
83. What did you learn through the previous job?	83. 以前の職務を通じて学んだことは何ですか？
84. What is the biggest mistake you have made in your previous jobs?	84. 今までの仕事でした最も大きなミスは何ですか？
85. How was your business performance at your last company?	85. 前職での営業成績はどうでしたか？
86. What kind of products have you dealt in?	86. どんな商品を扱ってきましたか？
87. What would you like to achieve by this career change?	87. 今回の転職で実現したいことは何ですか？
88. Why did you want to work for your last company?	88. 以前の会社の志望動機は何でしたか？
89. What are your criteria for finding another job?	89. あなたが転職先を選ぶ基準は何ですか？
90. What kind of work can you do at our company?	90. 当社でどんな仕事ができますか？

91. What would you like to do and challenge at our company?	91. 当社でやりたいことは何ですか？
92. Do you think you'll stay in this company until you retire?	92. 定年までこの会社にいますか？
93. Would it be all right if you were hired under the different position?	93. ほかの職種での採用でもよいでしょうか？
94. How are you going to make a contribution to us with the experience and skills that you gained in your previous jobs?	94. これまでの経験やスキルをどうやって生かしますか？

＊86番における deal in ...は「商品を扱う」。deal with ...は「(事・人を) 扱う、(会社と) 取引する」なので注意する。

This book deals with Japanese economy.
(この本は日本経済を扱っている)
She is a hard woman to deal with.
(彼女は扱いにくい人だ)
They deal with several oil companies.
(彼らは石油会社数社と取引がある)

＊89番における criteria は「基準」だが、ほかに standard と yardstick がある。

The president established standards.
(社長は基準を定めた)
There is no yardstick for judging it.
(それを判断する基準がない)

応用的質問その8　外資ならではの質問　　レベル3

英　文	日 本 語 訳
95. Why do you think we need to employ you?	95. なぜ私にあなたを雇う必要があると思いますか？
96. Where do you see yourself in five years?	96. 5年後の自分はどうありたいと思っていますか？
97. Do you like to work as part of a team or work individually?	97. チームで働くほうが好きですか、それとも1人のほうが好きですか？
98. What gives you the greatest satisfaction at work?	98. どのようなときにやりがいを感じますか？

2. 備えておきたい意外な質問

　意外な質問にその場で答えるのは難しいものですが、前もって備えておけば戸惑うこともなく、面接官に対する印象もよくなるでしょう。

意外な質問例　　レベル1〜レベル3

英　文	日 本 語 訳
99. Does your family know that you apply to our company?	99. 当社を受けることをご家族は知っていますか？
100. What would you do if you had a long vacation?	100. 長期休暇が与えられたら何をしますか？
101. What are the skills that are most important for a position in this field?	101. この分野の職務で最も大事なスキルは何ですか？
102. What kind of work environment are you seeking?	102. どのような仕事環境を望んでいますか？

103. What kind of people are you willing to work with?	103. あなたが一緒に働きたいと思う人は、どんなタイプの人ですか?
104. Would you like to start your own company in future?	104. あなたは将来独立したいと思いますか?
105. Do you have management ability?	105. あなたは管理能力がありますか?
106. What criteria do you use in deciding whether a person should be promoted?	106. 人を昇格すべきか決める場合、あなたならどのような基準を用いますか?
107. When can we expect you to enter our company?	107. いつごろ入社できますか?
108. Are you all right though the position you are applying for is different from the field of study in your college?	108. 大学の勉強とはまったく違う分野の仕事ですが大丈夫ですか?
109. What do you think about the future of this business field?	109. この業界の今後についてどうお考えですか?

　意外な質問には、受験者が戸惑うこともあり、逆に質問したい場合もあるでしょう。また、態度を保留したいと思う場合もあるでしょう。そんな場合の対応の方法を示しておきましょう。

質問をはさみたい場合

Excuse me, but may I say a word or two?
(すみませんが、一言よいでしょうか？)
May I interrupt you to ask a question?
(質問をさせていただいてよろしいでしょうか？)
I would not really like to interrupt you, but I would like to say something about what you have just said.
(あまり言葉をさしはさむのは失礼とは思いますが、少し申し上げたいことがございます)
May I ask a question? Does that mean your company requires us to work overtime every day?
(質問よろしいですか。毎日残業があるという意味でしょうか)
＊具体的なことは mean の後に入れる。聞いておきたいことは、やはりはっきりしておくとよい。

態度を保留したい場合

Well, let me think it over.
(少し考えさせていただけますか)
I am afraid that I cannot say anything definite right now.
(残念ながら今のところはっきりとしたことは申し上げられません)

TIPS
「残業をする」の表現

work overtime とか work extra hours といいます。「休日出勤する」は work on holidays です。「〜勤務」というのは shift を使います。

例 He's been working overtime for a week. I'm worried about his health.
彼は一週間超過勤務をしています。健康が心配です。
I was asked to work night shift, which I hate.
夜勤を頼まれたけど嫌いなんだ。

その他の質問

以下の質問も重要です。しっかり自分の答えを作っておきましょう。

① What are your carrier objectives?
　（あなたの仕事の上での目標を教えてください）
② Can you harmonize with others?
　（あなたは人と調和できますか）
③ Do you see yourself as creative?
　（あなたは創造性が豊かなほうですか）
④ Are you a type of person who takes a lead over others?
　（あなたは他人をリードしていくタイプですか）
⑤ Are you quick to catch on to a trend and a new topic?
　（流行や新しい話題に敏感ですか）
⑥ Is there anything special you want to mention regarding how you deal with stress?
　（ストレスの対処法について特別に述べておきたいことはありますか）
⑦ Tell us about your future career plans.
　（今後のキャリアプランをお聞かせください）
⑧ Do you have any good idea if we start a new business?
　（当社が新しい事業を始めるとしたら、何がよいと思いますか）
⑨ At which moment would you feel satisfaction for a job?
　（どんな瞬間に仕事のやりがいを感じますか）
⑩ Do you have a vision about the future?
　（将来の夢はありますか）

TIPS

「特別に述べる」「特筆する」に関連する表現

①特別に述べる、特筆する
　mention ... specially/ make special mention of .../ lay special stress on .../
　give special prominence to ...
②特筆すべき（ＳＶＣ構文のＣの部分に当たる表現）
　highly important / deserving special mention / worthy of special mention

3. 面接で聞いておきたいこと

　試験も終盤。難しい質問を乗り切ったと思ったら、「何でも聞いてください」と言われました。ここで質問をぶつけられれば、面接官にやる気も伝わります。

受験者側からの質問例

英　　　文	日　本　語　訳
1. What skills or abilities are needed for this job?	1. どんなスキルあるいは能力がこの仕事において必要ですか？
2. Could you tell me what my job content is?	2. 私の職務内容はどのようなものでしょうか？
3. How much travel is normally expected in this position?	3. この職では、通常どれくらい出張がありますか？
4. Do I have the option of choosing work locations?	4. 勤務地は自分の希望で選べますか？
5. What are the working conditions?	5. 勤務条件はどのようなものですか？
6. What are the fringe benefits?	6. 福利厚生にはどのようなものがありますか？
7. Could you explain the organizational structure of your company?	7. 御社の組織についてお教えください。

8. Does the company have many training opportunities to improve skills?	8．こちらの会社では、スキルアップのためにトレーニングなどを受ける機会はありますか？
9. What are the most important factors to consider when hiring people for this job?	9．この仕事において人を雇う際に考慮すべき最も重要な要素は何ですか？
10. Could you tell me about the future direction of your company? Are you planning to expand your business?	10．御社の今後の方向性を教えてください。拡大の予定などありますか？

＊4番の option は「選択の自由」で、have the option to do...の形もある。

You have the option of joining it or not.

（それに参加するのは君の自由だ）

I had the option to do the job.

（その仕事は自由にできた）

She had no option but to do so.

（彼女はそうせざるを得なかった）

＊6番の fringe benefits は追加給付（年金・有給休暇・健康保険など）を意味するが、意訳して、福利厚生（a welfare program）を表す。次のようにもいえる。

Would you please tell me about your welfare program?

第2部
実戦編

第4章 自己紹介のコツ

1. エレガントな自己紹介5つのコツ

その1　自己紹介は簡潔に

　誰でも、長々と人の自慢話は聞きたくないものです。面接のはじめに、自己紹介を簡単にしてくださいという指示がある場合が多いですが、次のような指示であるのがほとんどです。

　　Would you introduce yourself briefly (in English) ?
　　（簡単に自己紹介を［英語で］してください）

briefly（簡単に）とはどれくらいの時間をいうのかといえば、約30秒です。それから、次のように具体的に時間を指定する場合があります。

　　Please introduce yourself for about one minute.
　　（1分程度で自己紹介をしてください）

　1分程度の自己紹介もすることがあるでしょう。そのとき、2分も3分も自己紹介をしてはいけません。**自己紹介では、簡潔に話す能力がチェックされている**と覚えておきましょう。

その2　自己紹介はスムーズで軽やかでなければならない

　自己紹介でもたもたしていたら、印象が悪いでしょう。そんな場合、「自己紹介も満足にできないの？」という雰囲気になり、後に影響します。できるだけ、すらすらと自己紹介ができるよう、**前もって自己紹介文を作成しておき、それを暗記すること**を心がけましょう。

　ただし、その文章が文法的、語法的に間違っていたらいけないので、ネイティブにチェックしてもらっておくことが大切です。

その3　自己紹介には印象に残る内容を1つ入れる

　自己紹介は、面接のはじめにおける「自分を目立たせる絶好のチャンス」です。だから、印象に残る内容を盛り込むとよいでしょう。

　例えば、趣味を印象的なものにする場合は、My hobbies include human watching.（私の趣味に「人間ウオッチング」があります）とか、英語が好きな人なら、My hobbies include collecting English dictionaries.（私の趣味に辞書集めがあります）などは、面接官に深い印象を与えるでしょう。大切なことは、このような**趣味が仕事に間接的に役立つ（contribute somehow indirectly to the job）もの**であることを述べることです。

その4　自己紹介にはインパクトの強い英語表現を入れる

　面接の内容も重要ですが、日本人に対して英語で行われる面接の場合は、当然英語力も同時にチェックされています。ですから、面接官に対して印象的な英語表現を用いた面接を心がけると、「なかなか素晴らしい英語をしゃべったな」ということで、印象に残ります。

　これを狙うためには、ふつうに英語が上手であることだけでなく、使う表現が合否を左右するといっても過言ではありません。逆に言うと、素晴らしい表現（＝印象的な表現）を用いるだけでよいのです。印象的な表現を用いることができれば、それほど英語が上手でなくても、上手な印象を与えて有利に働きます。

　印象的な表現は主に、①高度な語彙を用いる、②イディオムを使う、そして③ジョークや洒落をはさむ、の3つに分類できます。それぞれの例を挙げてみましょう。

① My favorite English word is "**contemplation**."
　（私の大好きな英単語は、「**沈思黙考**」です）

② My weak point is that I tend to **light the candle at both ends**.
　（私の弱点は**頑張りすぎる**）　＊ろうそくの両端に火をつけるイメージ

③ At my previous office, I used to be awfully busy, and kind of felt **I wanted to even borrow a cat's paws**.
　（以前の職場では、ひどく忙しかったので、**猫の手も借りたいような気がしていた**）

＊ want to even borrow a cat's paws は「猫の手も借りたい」の直訳で、一種のジョークになっている。（even など動詞を修飾する副詞は不定詞の to の直後にくる場合がある）

その5　自己紹介に自分のオリジナルの考えを入れる

　趣味がうまく思いつかないこともあるでしょう。また、30秒や1分では、たとえ趣味があっても、うまくしゃべれない場合もあります。そんな場合は、自分の哲学（考え方）を述べることをおすすめします。考え方は**オリジナルであればあるほどよいでしょう**。（第1章第1節）

　自己紹介のコツとしては、この「その5」は must（必須）ではありません。また、たとえ素晴らしい考え方があっても、うまく簡潔に説明できないなら、あえて、自己紹介に入れる必要はありません。

2. 具体的な自己紹介の英語表現例

　自己紹介は、自分のことをしっかりと簡潔に述べることが肝心です。自己紹介は、面接の最初のスピーチです。英語の視点からポイントは3つあります。

①正確さ（accuracy）→発音や文法、語法において間違いが少ないこと。
②流暢さ（fluency）→発音、リズム、イントネーションが的確でなめらかなこと。
③面白さ（interest）→スピーチが面接官に対してアピールすること。

　簡単に言えば、「正しく、速く、楽しい」スピーチを目指せばよいということになります。「言うは易し、行うは難し」（easier said than done）というところですが、以下に、30秒スピーチと1分スピーチの例を挙げます。

　テクニックとしては、スピーチが「明るいこと」と「焦らないこと」の2つが重要です。明るく元気にスピーチをすることです。また、少々間違っても「しまった！」と思ってスピーチの流れが突然止まらないようにすることが必要です。パニックにならないためには、日ごろから焦らないという心構えが大切です。これは慣れの問題です。しっかり練習しておけば、このテクニックは攻略できます。

スピーチ内容で１つ重要なことを述べておきます。スピーチの最後は、面接を受けている会社と自分との関わりを述べることです。**自分の能力がこの会社で生かせるとか、仕事に対する抱負などを述べてスピーチを終えるとよいでしょう。**

30秒の自己紹介（軽やかに少しジョークを入れたスピーチ）

> Let me introduce myself briefly in English. My name is Takayuki Ishii. Just call me Tac. I live in Hirakata, Osaka. I graduated from Nara University of Education, where I majored in English. The reason why I majored in English was quite simple. I liked English. Probably English also liked me. All joking aside, I was attracted to your company because I thought your company would give me a lot of chances to use English. That is the main reason I chose your company as my most interesting company, and now I am very happy to be here though I am a little bit nervous. Thank you.
>
> 　簡単に英語で自己紹介をいたします。私の名前は石井隆之です。タックと呼んでください。私は大阪府の枚方に住んでいます。私は奈良教育大学を卒業しました。英語を専攻していました。私が英語を専攻した理由は非常に簡単です。英語が好きだったのです。恐らく英語のほうも私を好きだったでしょう。ジョークはさておき、御社に興味をもちました。というのは、御社は私が英語を使用する機会をたくさん与えていただけると思ったからです。このことが御社を最も興味のある会社として選ばせていただいた主な理由です。若干あがっておりますが、今ここに私がいることは大変うれしく思います。どうぞよろしくお願いします。

語句 major in ... …を専攻する　(all) joking aside ジョークはさておき　be attracted to ... …に惹かれる（…に魅力を感じる）　a little bit 少しだけ

１分間の自己紹介（英語上手だと思わせるジョーク入りのスピーチ）

> May I introduce myself briefly in English? I am Takayuki Ishii. Generally speaking, Japanese names are a little bit too long for native speakers of the English language to remember; actually I was once called Takoyaki, which sounds like the so-called octopus ball that I like. Therefore, I make it a

rule to have them call me Tac.

Not to change the subject, but I kind of feel that there are three important things we have to bear in mind when it comes to dealing with anything; they are concentration, continuation and confidence. Concentration plays a very important role in everything. This interview also requires concentration on my part, actually. Continuation is regarded as something quite important, since it is often said that continuation is power. Last but not least, confidence is the name of the game in anything we do. In conclusion, with the above-mentioned three mottoes in mind, I would like to confidently solve any problems I encounter in my business dealings while working for my future employer, hopefully this company. Thank you very much.

　英語で簡単に自己紹介させていただきます。私は石井隆之です。一般的に日本人の名前は英語のネイティブスピーカーにとっては、少し長すぎて覚えることができません。実際、私はかつて、いわゆる「たこ焼き」（好きですが）に聞こえるTakoyakiと呼ばれたことがあります。だから、私は彼らにタックと呼ばせることにしています。

　話題を変えるつもりはありませんが、どんなことでも対処する際、銘記すべき3つの重要なことがあるような気がします。それらは、集中力、継続力、そして自信です。集中力はどんなことにおいても大変重要な役割を演じます。実際、この面接試験もまた、私の側に集中力が必要です。継続は非常に重要なものとしてみなされます。というのは、継続は力なりとよく言われるからです。最後ではありますが、決して無視できないことは、我々の行動すべてにおいて肝要となる自信です。結論として、上記に述べたモットーを念頭に置き、私の将来の雇用者のために働きながら、ビジネス上直面するいかなる問題をも自信をもって解決していきたいと思っています。できれば、この会社で、頑張っていきたいと思います。どうぞよろしくお願い申し上げます。

語句 the so-called octopus ball いわゆる「たこ焼き」　make it a rule to do … …するのを常とする　not to change the subject 話題を変えるわけではないが　kind of feel … なんとなく…と感じる　bear … in mind …を銘記する　when it comes to doing… …する段になって　play a very important rule in … …において非常に重要な役割を演じる　last but not least 最後になりましたが、これも重要なことですが…　the name of the game 肝心　the above-mentioned 上記の　Thank you very much. どうぞよろしくお願い申し上げます。

＊「どうぞよろしく」がぴったり当てはまる英文がほとんどないが、面接試験の場合、締めくくりのThank you (very much). がこの意味をもつ。

3. 自己紹介の方法論

自己紹介には、実にさまざまな方法があります。この節では、いくつかの有効な方法を示しましょう。

その1　名前を分析してみよう

日本人の名前は漢字から成り立つ場合が多いので、漢字を分析して、さらに一言加えることにより、自己紹介が印象的なものになります。例えば、次のように自己紹介するのです。

例1 「清忠」という名前の場合

My first name is Kiyotada. Kiyo means pure, and Tada means loyal. Coincidentally, both of them represent my character. In short, I am pure and loyal.

私の名前は清忠です。「清」は「純粋」を意味し、「忠」は「忠誠」を意味します。偶然ですが、この両方が私の性格を表しています。つまり私は純粋で忠実なのです。

例2 「美咲」という名前の場合

My first name is Misaki, in which Mi means beautiful, and Saki means bloom. Therefore, I am supposed to be a person who blooms beautifully. I hope to bloom beautifully in your company.

私の名前は美咲です。その名前において「美」は「美しい」を意味し、「咲」は「咲く」を意味します。私は美しく咲く人になることになっています。私は、御社で美しく咲くことを希望しています。

その2　繰り返しをうまく使う

同じような言葉の繰り返しを用いると、英語が上手に聞こえます。

同種の単語を繰り返す

I always think of doing things **effectively and efficiently** at the same time.

（私は常に同時に物事を効果的に、そして効率的に行うことを考えています）

同じような句や節を繰り返す

I think there is a big difference between **what to do** and **how to do it**.
（私は何をすべきかとどうすべきかには大きな違いがあると考えています）
I make it a principle to check **what I am doing** and **how I am doing it**.
（私は自分の行動の内容と方法をチェックするのを１つの習慣としています）

その3　イディオムをうまく使う

　イディオムは面白い表現の宝庫です。インパクトがあり、印象に残るイディオムを使うのは、自己紹介の定石です。表現力が豊かであることをアピールすることにもなります。

食べることに関するイディオム

（１）私は大食漢です。
　　I eat like a horse.（＝I am a hearty eater.）
　　cf. I drink like a fish.（私は大酒飲みです＝鯨飲する）
　　　 I smoke like a chimney.（私はヘビースモーカーです）
　＊「非常に腹が減っていること」をいうのに I could eat a horse. という表現があります。また「大食漢である」という形容詞には、greedy、gluttonous、ravenous、voracious などがあります。

（２）私は少食です。
　　I eat like a bird.（＝I have a small appetite.）
　＊比較的マイナスイメージなので、プラスを匂わすコメントを添えておく必要があります。
　　I recently came to decide that I would lead a healthy life; I try not to eat too much. This will help a lot in every aspect of my life.
　　最近は、健康的な生活を送ることに決めました。食べ過ぎないようにしています。そうすれば、人生のすべての面で大いに役立つでしょう。

表現の豊かさをアピールできるイディオム

（1）「形容詞＋ with a capital ＋形容詞の頭文字」で「形容詞」を強調する

I am serious with a capital S.（私はくそまじめです）

I am honest with a capital H.（私は馬鹿正直です）

I am passionate with a capital P.（私は超情熱的です）

＊マイナスイメージの形容詞をこの形で用いるのは禁止です。

× I am lazy with a capital L.（私はめちゃくちゃだらしないです）

（2）「a bit ＋ on the 形容詞 side」で「どちらかといえば〜（形容詞の意味）」を表す

I am a bit on the serious side.（どちらかといえばまじめなほうです）

I am a bit on the optimistic side.（どちらかといえば楽観的なほうです）

I am a bit on the nervous side.（どちらかといえば神経質なほうです）

＊基本的に形容詞はプラスイメージがよいですが、マイナスの側面をもつ形容詞（nervous など）も用いることができます。その場合、プラスに転じるコメントを添えましょう。

My nervousness **often has a positive aspect**; I mean I become careful in doing something, which, I am sure, will help a lot in business.

私の神経質さは**プラスの側面をもつことも多い**です。というのは何事をするにも注意深いからです。それがビジネス上も大いに助けになると確信しています。

その4　好き嫌いを述べる

　政治や宗教などにおける自らの信条などは、面接では問題視される可能性がありますが、個人的で、ほっとする内容は、面接の潤滑油になります。例えば、個人の好き嫌いに関する情報は、当たり障りがないのでおすすめです。時間的に余裕があるとき、そのようなコメントも述べてみましょう。

どの季節が好きかを述べる

例1　I like spring best. This is the very season when we can start a refreshing life. And cherry blossom viewing makes me like the season all the better for its pomp and fun.

私は春が好きです。厳しい冬が終わり、新たな気持ちで人生をスタートさせるのにもってこいだからです。しかも、花見の華やかさと朗らかさのため、一層好きになります。

例2　My favorite season is autumn. It is for reading or for eating. Autumn is described in many ways but crimson foliage is the best of all. I really feel that this season brings Japanese natural beauty to its highest level of the year.

私は秋が好きです。読書の秋、食欲の秋と形容されますが、秋はいろいろに表現されますが、やっぱり紅葉でしょう。日本の自然が一年で一番美しくなる季節だと私は感じています。

その5　とっておきのフレーズを考えておく

面接官にプラスのインパクトを与えたら勝利するような面接の世界では、自分だけのフレーズをもっておくと有利です。いくつか例を挙げましょう。

I am young in spirit.
私は気が若いです。（年齢が高い人の場合）
I get older physically, but I grow younger spiritually.
体は年をとってきていますが、心は若くなってきています。
When I was young, I looked old, and when I became older, I looked younger.
若いころ、老けて見えましたが、年配になるにつれ、若く見えるようになりました。
I don't particularly like English, but English seems to like me.
私は特に英語が好きというわけではありません。英語のほうが私を好きみたいです。

第5章
模擬面接1 一問一答例

1. 基本的質問に答える

基本的質問に対してどう答えるか　　　　レベル1

　ここでは、面接の代表的質問として、第3章第1節で挙げた質問に具体的にどう対応するかを考えましょう。まず、12の基本的質問にコメントを入れるとともに回答の1例（5番と10番は2例）を紹介します。しっかり学習してください。

　※この章の音声は、 レベル1　レベル1～2　レベル2 の一問一答について収録しています。

1　Tell me about your hobby.
趣味について教えてください

　趣味は何か自信をもって言えるものを用意しておきましょう。I am sorry I have no hobbies.（残念ながら趣味はありません）というのは寂しいし、印象がよくありません。何でもよいから、趣味をもっておくべきです。

　また、趣味について語るときは、**ある程度突っ込まれても答えられる趣味にしておくべきです**。例えば「絵画鑑賞」（appreciation of paintings）などといって格好つけても語れないようでは格好悪いです。

　さらに、できれば**仕事と結びつける**ことがポイントです。自信があるということが条件ですが、コンピュータや語学を趣味といえば、仕事に結びつけやすいですね。しかし、何か音楽とかスポーツ、料理でもよいでしょう。読書を趣味とする場合、特に感動した本やおすすめの本の説明も英文で用意しておく必要があります。仕事に即戦力とならない趣味でも、その趣味が「集中力」（concentration）を身につけるのに役立っているなど、仕事に結びつけていけばよいでしょう。

> My hobby is studying English. The reason is quite simple. I like English. I read passages written in English aloud almost every day. This will help me improve my English both in accuracy and in fluency. At the moment, my English is not satisfactory, but I will enhance the ability to communicate in English at least up to the level of STEP first grade. I am sure my English will contribute a lot to the foreign-related task assigned to me at my future office.
>
> Track 03
>
> ---
>
> 私の趣味は英語学習です。理由はとても簡単です。英語が好きだからです。ほとんど毎日英語で書かれた文章を音読しています。これは正確さと流暢さの両方の観点から英語を上達させるのに役立っています。現在のところは、私の英語は満足なものではないですが、少なくとも英検1級のレベルまでは英語コミュニケーション能力を高めるつもりです。きっと私の英語は、御社で私に課される外国関連の仕事に大いに役立つでしょう。

② How do you spend your leisure time?
暇な時間はどのように使いますか？

　これは趣味を尋ねているわけではありません。趣味は暇な時間に行うものではなく、時間を作って従事するものだからです。この質問は暇な時間をどう活用するか？という時間管理能力をチェックしているのです。

　マイナスイメージのことを言うのは、たとえ事実でも避けるべきでしょう。パチンコに行くとか、酒を飲むとか、タバコを吸うとか、ゲームセンターに行くとかは避けましょう。暇な時間ができたら「新聞を読む」(reading newspapers)、「雑誌を読む」(reading magazines)、「将棋をする」(playing Japanese chess)、「外国人の友人と話をする」(talking with my foreign friends)、「京都を散策する」(taking a stroll around Kyoto paths / going for a stroll in Kyoto areas)、「クラシック鑑賞」(listening to classical music) などがよいでしょう。**目的も定まっているとよい**と思われます。趣味のことを聞かれていない場合、この機会に**仕事につながる話を入れるとよい**でしょう。

If I have time to spare, I usually read magazines. I read Japanese magazines on economy to know what is happening in the world. However, I sometimes try to read TIME, though it is a little bit difficult to read it rapidly. The reason why I read TIME is simply because it is challenging. The main purpose of reading TIME is to develop my concentration, which will help me in many respects, especially at work.

暇なとき、私はふつう雑誌を読みます。世界で何が起こっているのかを知るために日本の経済誌を読みます。速読するのは少し難しいですが、時々 TIME を読むことにしています。TIME を読む理由はまさに、挑戦しがいがあるからです。TIME を読む主な目的は、集中力を高めるためです。集中力はいろいろな側面で役に立ちますから。特に、仕事で役立ちます。

❸ How do you keep fit?
あなたの健康法は？

健康法をしっかりともっている人は、そのことを英語で説明できるようにしておきましょう。**自分は不健康だということを強調しない**ようにしましょう。「歩くことを重視している」(putting emphasis on walking)、「食べ過ぎないようにする」(trying not to eat too much)、「お酒を少したしなむ」(drinking a bit of sake) などいろいろ考えられます。「お酒を少し」はマイナスイメージではありません。これを例に回答してみましょう。**楽しく語る術を身につける**とさらによいでしょう。

Let me talk a little bit about how I keep fit. There is a proverb like "Sake is the best of all medicines" in Japanese. I hear in English the following proverb exists: Good wine engenders good blood. Therefore, I try to drink a little bit of sake before going to bed. This will help me sleep well. A good sleep will promote good health. Of course, I try not to drink too much. Drinking too much may cause the situation where the sake drinks me rather than me drinking the sake. The most dangerous situation is the one which makes sake drink sake, by which I mean everything goes totally wrong. I want to avoid such a situation; therefore, I drink a little! This actually goes a long way in improving my health.

私の健康法について少しお話します。日本語で「酒は百薬の長」という諺があります。英語でも「よいワインはよい血を生じさせる」という諺があると聞きます。だから寝る前に少しだけ酒を飲むことにしています。こうすると熟睡できます。十分な睡眠は健康を増進します。もちろん、飲みすぎには注意します。飲みすぎたら「人酒を飲む」ではなく、「酒人を飲む」という状況が生じます。最も危険なのは、「酒酒を飲む」という状況で、これはすべてがまったくおかしくなるという状況です。そんな状況を避けたいと思っているので、少ししか飲みません！ そうすると大いに健康になりますね。

＊諺を入れて若干教養がある（= a person of wisdom）ことを示し、さらに、最後の5行あたりのジョークでウイットのある（have quick wits）ことを示している。

④ What is your strong point?
長所はどういうところですか？

自分の長所は何であるか？ を言えるようにしておきましょう。内面的なこと、性格や考え方などを長所に挙げるべきでしょう。外面的なこと（good-looking）は挙げないほうが賢明でしょう。大切なことは、この質問に対する答えに、**その長所が仕事でどのように生かせるかを添える**ことです。間違っても、「長所などは見つかりません」（I cannot find any strong point.）などと遠慮することは禁物です。堂々と自己アピールしてください。

大学でのゼミの実績、サークル活動や、留学などの経験があればその経験など、**過去の実績を通して長所を語ると説得力が増す**ということも覚えておきましょう。

My strong point is leadership. I was president of a glee club at my university for two years. Since I was president of the club, I experienced various kinds of things. Through my club activities, I learned a lot, especially about what I should do and how I should do it as a leader, and I naturally came to develop a certain style of leadership. I think leadership ability is one of the most important things for me to have when I am leader of

Track 06

a project team in the office. Since I am now gifted with leadership in a sense, your company can ask me to work on a group project soon if you accept me.

私の長所は指導力です。私は大学時代 2 年間グリークラブの部長をしておりました。そのクラブの部長だったので、いろいろなことを経験しました。クラブ活動を通じて多くのことを学びました。特に、リーダーとして何をどうすべきかを学びました。すると自然にある程度のレベルの指導力が身につきました。私は、指導力というのが、会社で、あるプロジェクトチームの長として活動する際、最も重要なことの 1 つだと思います。私はある意味で、今は指導力が身についていますので、私を採用いただければ、すぐにグループのプロジェクトに加わることができます。

＊少々偉そうに響くかもしれないが、自信をもって話せば、問題ない。偉そうなことを言うのに自信がなければ、説得力は半減する。

＊滑らかに話すために、what I should do and how I should do it のような表現を用いている。この構文を用いた例を挙げておこう。

　I was keenly interested in their dancing; therefore, I just wanted to see what they were doing and how they were doing it.
　私は彼らのダンスに非常に関心がありました。だから、彼らが何をどうしているのか見たかったのです。

⑤ Tell me about your weakness?
あなたの短所について教えてください

　弱点や短所を聞く質問も大変重要です。自分自身の弱みをそのままストレートに表現するような**馬鹿正直は禁物**です。また、その**弱点をどのように克服しようとしているのかを述べる**ことは印象のよい回答作りに不可欠です。さらに、そういう面はあるけれど、代わりに**別のよい面を強調する**こともよいでしょう。

　弱点を表す語彙は形容詞がキーになります。次のような弱点を表す形容詞のうち、自分自身にぴったりと思うものを選んで、プラス面にも触れつつ英文を作成するとよいでしょう。

① aggressive（攻撃的な）「積極的な」という意味もありプラス
② carefree（のんきな）「慌てない」性格がかえってプラス
③ forgetful（忘れっぽい）「くよくよしない」性格につながりプラス
④ talkative（よくしゃべる）「友人を大切にする」態度につながりプラス

また、プラスイメージの形容詞に too をつけるという方法もあります。
⑤ too optimistic（楽天的すぎる）どんな苦難も乗り越えられそうでプラス
⑥ too careful（慎重すぎる）　大きな失敗をしないのでプラス
⑦ too logical（論理的すぎる）　感情的でつかみどころがないよりはまし
⑧ too kind（優しすぎる）　だまされやすいかもしれないが皆から好かれる

そのほか、less ＋形容詞（例えば、less talkative 口数が少ない）や tend to do...（…する傾向がある）で表現するパターンもあります。外見では、look younger（若く見える）やその逆 look older などは弱点に入れることができます。

Actually, it is hard to find my weaknesses, but if you ask me to find one anyway, I will say I am too optimistic. I don't focus on the negative even if I fail in something. Thanks to this nature of mine, everybody may be happy when I talk with him or her. I am not so serious about my mistakes. However, I do try to reflect on those mistakes and try not to make the same mistake twice.

Track 07

実際、私の弱点は見つけにくいのですが、とにかく何か述べよということであれば、楽天的すぎることです。私はたとえ何かに失敗しても暗くはなりません。私のこの性格のおかげで、私が話をすればみんな楽しいかもしれません。自分の間違いについてそれほど深刻に考えません。しかし、そのような間違いについて反省し、同じ過ちを繰り返さないよう努めています。

語句　don't focus on the negative 暗く考えない

My weak point is that I am less talkative than other people. This is probably part of my nature, but it is also what I try to be. I hate to talk nonsense. When it comes to talking, I want to talk about something informative. I do not talk a lot but at the same time, I like to think about many things logically. I put more emphasis on thinking than talking. My logical thinking makes everything go smoothly, especially in a meeting at the office. The fact that I am less talkative does not necessarily mean I don't talk. I can enjoy participating in any informal meeting after work. In that situation, I will enjoy talking of course. By joining a group of people talking enjoyably, I am trying to be a little more talkative so that everybody can enjoy talking with me. Was I talkative at this interview? That's all for my answer.

私の弱点はあまりしゃべらない点です。性格の一部でもありますが、私の主義でもあります。無意味なトークが嫌いなのです。しゃべるならためになることをしゃべりたいですね。おしゃべりではないですが、その代わり、いろいろ論理的に考えるのが好きです。トークより思考を重視しています。私の論理的思考によって事がスムーズに運びますよ。特に会社での会議の場では。おしゃべりでないという事実は、しゃべらないということではありません。アフターファイブの集まりに参加することも楽しめます。そこではもちろんおしゃべりします。楽しく語らっているようなグループに参加して、みんなが私との話を楽しめるように、少しだけおしゃべりになれるよう心がけています。この面接ではおしゃべりでしたか？ 私の回答は以上です。

* 比較級を用いた場合は、比較の対象を添えておくことが肝心である。だから、I am less talkative. で終わるのはあまりよい文とは言えない。
* at the same time は「同時に」というよりも「その代わり」というニュアンス。instead と置き換えられる。
* Was I talkative ...? のようなジョークを最後に言えるとインパクトがあり好印象である。

6 What do you know about this company?
当社について知っていることは何ですか？

面接を受けている会社の実績などについて前もって調べておくことは必須です。**会社のことを聞かれて何も答えることができないと、やる気がないと判断されます**。会社の「営業実績」(the past business showings)、「新規開発の商品」(newly developed products)、「問題点」(problem areas)、「将来性」(future prospects) など英語にまとめておきましょう。具体的な数値も挙げられるとよいでしょう。

さらには、「主なライバル企業」(major competitors) などについても調べておくとよいでしょう。当たり前のことですが、**応募している会社の正式な英語名称もホームページなどで確認しておく**ことが大切です。

I know your company is one of the leading companies in the field of information technology, and that the past business showings are quite

Track 08

outstanding, because the sales figure of your company recently soared to an annual total of 120 billion yen.

御社は IT 業界における主要企業で、営業実績も目を見張るものがあることを知っております。なぜなら御社の売り上げは最近、年間 1200 億円まで伸びたからです。

TIPS

「売り上げ」に関する英語表現

(1) Your company's annual turnover amounts to four hundred million yen.
（御社の年間売り上げは 4 億円に達します）
(2) The sales of the products have been picking up considerably in recent months.
（その製品の売り上げはこの数カ月の間かなり増えています）
＊ picking up の反対は falling off（減っている）。
(3) The sales of exported goods are on the increase.
（輸出品の売り上げが伸びています）
＊ on the increase の反対は on the decrease（減少して）。
(4) Sales of air conditioners are up 4% this month.
（エアコンの売り上げが今月 4％伸びました）
＊ be up の反対はもちろん be down（減って）。
(5) We donated the proceeds from the bazaar to charity.
（我々はバザーの売上金を慈善事業に寄付しました）

7 What motivated you to apply to our company?
志望動機は何ですか？

志望動機は、ほとんど必ず聞かれます。動機を聞く質問は、motivate を用いるだけではなく、次のような形でも表せます。

Why do you want to work for our company?
（簡単な聞き方：なぜ当社で働きたいのですか）
What kind of aspect about our company most appeals to you?

(具体性を求める質問：当社のどんな側面があなたに魅力的ですか)

内容としては、「企業理念」(your company's philosophy)、「経営方針」(management policy)、「将来性」(future prospects、prospects for the future) などを理由とするとよいでしょう。また、**志望動機を語る場合、志望する会社の業界に関心があったというだけでは不十分である**ことを知りましょう。つまり、同じ業界が志望動機なら同業界のほかの会社でもよいわけで、**なぜ、そもそもその会社なのかを述べる必要がある**のです。

Your company is well-known in the manufacturing industry. I am especially impressed by your philosophy, in which your company always tries to develop better products in addition to an effective strategy for improving your total image. Actually, I like your newly developed item CRYSTAL 101, which is far higher in performance than your previous model of the same series. Therefore, I decided to apply to your company.

御社は製造業界では有名です。私は、御社の効果的なイメージアップ戦略に加え、常によりよい製品の開発を目指すという、御社の理念に感激しました。実際、同種の前モデルより高性能の、御社の新製品「クリスタル101」が好きです。それゆえ、御社に応募させていただきました。

TIPS

「イメージ」を用いた表現

イメージアップ、イメージダウン、イメージチェンジは動詞句で表現します。**image up や image down や image change は和製英語なので使えません。**

(1) This project will improve the image of your company.
　　（このプロジェクトは御社のイメージアップになるでしょう）
(2) The scandal harmed/damaged/lowered the image of the company.
　　（そのスキャンダルは会社のイメージダウンにつながった）
(3) The company plans to completely change its image by developing a totally different line of products.
　　（その会社はまったく新種の製品を開発して、完全なイメージチェンジを図っている）

8 What are your long-term career objectives?
仕事上の長期目標は何ですか？

　career objectives とは「仕事上の目的」です。仕事をどのように捉え、将来どのように仕事をしていきたいか、具体的な考えを述べることを要求しています。**自らの将来像をしっかりイメージすること**によってのみ回答できる質問です。「会社への貢献」(contribution to your company）を前面に出すのがよいと思われます。実際に「将来独立の希望」(desire to establish my own company in the future）というのは、よほどの実力者でないと言っても説得力がないでしょう。実力者であっても、会社に就職するのに将来の独立の希望を得意げに言われたら、あまりよい感じはしないのがふつうです。たとえ独立を希望していても、「独立もありかな？」(possibility to own my company in the future）ぐらいにしておいて、就職する会社でいかに頑張れるかを述べるのがよいでしょう。**会社内で行いたいことを述べる場合は、遠慮せずに堂々と述べる**のが望ましいです。

One thing I want to mention when answering this question is that I don't want to be a cog in a toothed wheel. I have three career objectives. I want to take the responsibility for an important job in your company. Therefore, the first objective of mine is to achieve the position of such responsibility. While dealing with difficult tasks assigned to me, I want to improve my personality so that everybody around me will regard me as a person of wide reputation. The second objective is to reach the stage of this kind, that is, to enjoy a high reputation. The last objective of mine is to become a manager of your company based on the abundant experiences gained from the previous two stages. That is all I can say right now, thank you.

Track 10

この質問に回答するために触れておきたいことは、歯車の歯にはなりたくないということです。私には3つの仕事上の目的があります。私は御社では重要な仕事に対する責任をもちたいと思っています。それゆえ、第1の目的は、責任を任される地位に到達することです。私に課せられた難題を処理しつつ、まわりのみんなが、私のことを人望のある人だとみなすように人格を磨きたいと思っています。第2の目的はこのような種類の段階に到達することです。つまり高い人気を博するということです。最後

の目的は、これまでの2つの段階から得た豊富な経験をもとに、御社の部長になることです。これが今のところ言えることです。以上です。

＊「人望家」は本文にある a person of wide reputation のみならず、a popular character、an idol of the people なども使える。

❾ Why do you want to change jobs?
なぜ転職を希望しているのですか？

転職を希望している応募者に向けた質問です。その場合、**前の会社の悪口や上司の悪口を言わないこと**が重要です。実際に100％前の会社や上司が悪くても、「自分自身の能力を十分に発揮できる」(display my ability to the full) 職場ではなかったとか、「新たに挑戦したい課題ができた」(find something challenging in your office) という面を述べるとよいでしょう。

同様の質問に次のようなものもあります。

What do you want to achieve in your next job?
（次の仕事でどんなことを達成したいですか）
What goals do you have for your next job?
（次の仕事でどんな目標をもっていますか）

The reason why I decided to change jobs was just because I wanted to find the workplace where I could bring my accounting skills fully into play. I think your company is the very place for that purpose. In my previous office, I did my best to be assigned to a head office where I could give full play to my ability, but it was hard for me to do so because of the company policy.

転職を決意した理由は、私の経理能力が十分活用できる職場を探したかったということです。御社はまさにその目的にかなう職場です。以前の会社で、自分の能力を発揮できる本社への異動を希望しましたが、会社の方針のため私にとっては難しいことでした。

＊イディオム的表現（bring ... fully into play や give full play to ...など）を使うことにより、英語表現に深みができ、好印象を期待できる。bring ... into full play も可能であるが、本文の表現が一般的。

＊ give full play to my ability を用いる代わりに allow full play to my ability や play to my full potential も使える。

TIPS

「発揮する」の表現をマスターしておく

才能を発揮する→ display/exhibit/demonstrate one's ability
才能を十分発揮する→ give full play/scope/swing to one's ability
天才を十分に発揮する→ bring one's genius into full play

⑩ Can you work on weekends?

週末に働くことができますか？

　基本的には、「いつでも要請があれば働く」（always ready to work if needed）の姿勢が「肝心」（the name of the game）です。週末に何か活動をしている場合は、その活動にふれて、同時に**「仕事を優先する」（give top priority to my work）ことを強調する**のがよい。

　I don't want to work on weekends.（週末は働きたくない）は禁句です。英語に慣れている超上級者であれば、In my heart of hearts, I don't want to work even on weekdays, either.（心の奥底では、平日でも働きたくないのですが…）と言って、「ジョークはさておき」（Joking apart）などと続けることができます。しかし、英語が上手でなければ、そんな冒険は危険ですよ。

The answer to the question is that I am always ready to work any day if necessary. Weekends or national holidays are not an exception. The situation where we have to work even on weekends is proof positive of the fact that business is brisk. If business is slack, we cannot work on weekends even if we are willing to.

その質問に対するお答えは、必要ならどんな日でも働く心の準備を常にしているということです。週末とか祝日も例外ではありません。週末も働かなければならない状況は、商売が繁盛している確固たる証拠です。もしビジネスがうまくいってなかったら、週末に働きたくても働けないですね。

* proof positive of... は「…の確固たる証拠」の意味。positive proof of ... とは言わない。
A witness gave proof positive of her guilt.
（1 人の証人が彼女の有罪の確たる証拠を示した）

I attend a flower arrangement club every Saturday morning. Actually I established this club about three years ago. Therefore, I am president of this club and play a very important role in it. However, I will give top priority to my work. The long and short of it is that I am physically and spiritually prepared to work on weekends.

私は毎週土曜の朝には、いけばなサークルに参加しています。実際、約 3 年前にこのサークルを設立しました。それゆえ、私はこのサークルの会長で、重要な役割を演じています。しかし、仕事を最優先します。つまり、週末に働く心と体の準備はできています。

* 「…サークル」を ...circle と訳すのは和製英語。club と訳すこと。
* 最後の physically and spiritually prepared などは、ユニークな表現で好印象を狙ったもの。英語では「体と心」の順番がふつう。

11 Are you willing to work overtime?
残業は大丈夫ですか？

　残業は誰しもが好まないものですが、残業を頼まれる場合はよくありますね。これも会社としては肯定的な答えを期待しているので、「すすんで残業する」（ready to work overtime）ことを強調しましょう。

　残業をもっと肯定的に捉える回答、例えば、「残業をするために御社を選んだようなものです」（Working overtime is the very reason for my application to your company.）という発想も面白いでしょう。しかし、この表現は残業をマイナスイメージに捉えた、残業がほとんどない会社には通用しないので、注意しましょう。

　会社の発展のために、残業手当（overtime pay）が出なくても、残業はする覚悟はあるなどと述べると面接官はうれしいでしょう。

Generally speaking, nobody wants to work overtime. However, I am an exception. Actually, I want to work overtime, even every day if I can. I want to do so even if I am not paid for overtime work. The reason is simple. I just want to contribute as much as possible to the further development of your company.

Track 13

　一般的に言って、誰も残業はしたくないものです。しかしながら、私は例外です。実際、私はできれば毎日でも残業したいと思っています。たとえ残業手当が支払われなくても、残業したいと思います。理由は単純です。御社のさらなる発展にできる限り寄与したいと考えているからです。

＊ちょっと言い過ぎかな？　と思うぐらいでちょうどである。面接官には好印象に響きます。development に further を添えて、further development にしているのは、further をつけないと、現在、その会社は発展していない感じもするから。

TIPS

「残業」に関する英語表現をマスターする

(1) I worked overtime until late at night. (=I worked extra hours late at night.)
（私は夜遅くまで残業した）
(2) My boss worked four hours overtime. (=My boss did four hours' overtime.)
（上司は4時間残業した）
(3) Do you have to do much overtime? (=Do you have to work much overtime?)
（残業は多いですか）
(4) I earned some overtime this month.
（今月はいくらかの残業手当を稼いだ）

⑫ What are your governing values?
あなたの価値観を教えてください

　この質問は、きちんと準備していると、一気に有利になります。というのは、ほかの応募者が準備していないなら、かなりの差がつくからです。難しい質問に対しては、「万全なる準備がものを言う」(Perfect preparation talks.) ということを肝に銘じておきましょう。

　さて、governing values とは、「(自らを支配し指導する) 価値観」のことです。「価値観」という言葉が難しいならば、「モットー」としていること、あるいは、「(問題に対処するときなどの) 考え方」などを述べるとよいでしょう。他人の名言でもOKですが、**オリジナルの考え方を披露する**のも一法です。いくつか使えそうなものを挙げておきます。

① One for all and all for one.（1人は皆のために、皆は1人のために）
　1人ひとりがそれぞれ協力体制であることが重要と訴える場合に使える。
② Everything about something and something about everything（専門と教養）
　何かについてすべてを知り（専門）、すべてについて何かを知る（教養）の両方が大切。
③ Think globally and act locally.（世界的視野で考え、個々の立場で行動せよ）
　考えることと行動することをどのように捉えたらよいかをこれで示せる。

> Let me talk a little about my own governing values. Now is the age of globalization, so there is a slogan like "think globally and act locally." I would like to add "speak glocally" to this slogan. The word "glocal" is a coinage which is a combination of the two words: global and local, meaning to emphasize the aspects of both being global and being local. In my philosophy, to speak glocally means to be willing to speak with people of the world, which means to speak globally, and also means to be ready to speak with people around you so that problems around you may be solved, which means to speak locally, in short, my governing values are represented by the phrase: Think globally, speak glocally, and act locally!
>
> 私の価値観について少しお話しさせていただきます。現在はグローバル化の時代だから、「グローバルに考えて、ローカルに行動せよ」などというスローガンがあります。私はこれに「グローカルに話せ」を加えたいです。glocal という言葉は global と local の 2 語の組み合わせである造語です。意味はグローバルとローカルの 2 つの側面を強調することです。私の考え方では、「グローカルに話す」とは「グローバルに話す」を意味する「世界の人とすすんで話す」という意味と、「ローカルに話す」を意味する「自分が直面する諸問題が解決できるよう、まわりの人たちとすすんで話す」という意味を合わせもっています。つまり、私の価値観は think globally, speak glocally, act locally なのです！

[注意]「A と B の 2 側面」は the aspects of both A and B。two aspects of A and B（＝は「A と B に 2 側面があること」で、意味が異なることに注意。

2. 応用的質問に答える

準備していれば比較的やさしい質問　　レベル1

　ここでは、第 3 章第 1 節で挙げた応用的質問に回答例を示し、コメントを添えてあります。しっかり対策を立てましょう。

⑬ Who do you respect most?
最も尊敬する人物は誰ですか？

I respect Mother Teresa most, because when she was asked by a busy reporter what he could do for world peace, she said to him, "Go back to your home soon and stay with your family." I was deeply moved by her remark.

マザーテレサを最も尊敬しています。なぜなら、ある忙しい報道記者に世界平和のために何ができるか？と彼女が聞かれたとき、彼女は彼に「早く家に帰って、家族と過ごしなさい」と言ったからです。その言葉にすごく感動しました。

ポイント 尊敬する人物の言葉などを引用すると印象的。

14 What do people like most about you?
あなたが人から好かれるのはどんなところだと思いますか？

All the people around me always say that I often smile and am easy to talk with. I have never asked them what they like about me, but I think they like me because I am easy to get along with. I am so cheerful and cooperative that I can work with colleagues in a team at your company without any problems in a very smooth way.

私のまわりのみんなはいつも、「私はよく笑う（＝明るい）ので話しやすい」と言います。彼らに私のどんなところが好きか？と聞いたことはないのですが、私が付き合いやすいから好かれていると思います。私は快活で協調的なので、御社のチームの中で同僚たちとともに、問題なく大変スムーズに働くことができます。

ポイント その好かれている面がどのように仕事で生かせるかに触れるとよい。

15 What do you dislike most about yourself?
自分のどんなところが最も嫌いですか？

What I dislike about myself is my strong curiosity. I tend to have a finger in every pie. In a word, I am very interested in many things. Recently I decided to concentrate on only one thing at least for one month.

私自身の嫌いなところは、好奇心旺盛な面です。何にでも手出しをしてしまいます。一言で言えば、多くのことに興味があるのです。最近は、1つのことだけに少なくとも1カ月は集中することに決めました。

ポイント 嫌いな点を克服のための決意や工夫などにも触れるとよい。
語句 have a finger in every pie は「何にでも手を出す、首を突っ込む」の意味。
参考 check には「抑制する」の意味があり、curiosity とともに用いることができる。
I tried to check myself, but the curiosity got the better of me and I looked in the box.
（よそうと思ってたけど、好奇心に負けて箱の中身を見た）

16 Have you ever acted as a leader?
リーダーシップをとった経験はありますか？

Yes, I have acted as a leader several times before. Let me tell you about my experience I had when I was a college student. I was a leader of my seminar class. My seminar was in geography; therefore, I often contacted our professor of geography to make our research go both efficiently and effectively.

はい、私は以前、何度かリーダーとして活動しました。大学生のときに経験したことについて述べます。私はゼミでリーダーでした。ゼミは地理学で、我々の研究を効率的で効果的なものにするために、地理学の教授とよく連絡をとりました。

語句 efficiently and effectively は、それこそ効率的で効果的な単語の使用法である。

模擬面接1―問一答例 第5章

⑰ Tell me about your educational background.
学歴について教えてください

I graduated from Kinki University. I majored in business administration. I learned a lot at my university. I was happy to meet many good friends and kind professors there. I studied very hard, and as a result, I got several qualifications related to business. I am now proud of my university.

私は近畿大学を卒業しました。経営学を専攻しました。大学では多くのことを学びました。親友や優しい先生方に出会えて幸せでした。一生懸命勉強した結果、ビジネスに関する資格を複数取りました。今は出身大学を誇りに思っています。

ポイント 出身大学のことを悪く言わないこと。プライドをもって語れるとよい。

⑱ Tell me about your working experiences.
職歴について教えてください

I have 10 years' working experience in this industry. I have worked at Golden Corporation for 10 years since graduating from my college. At this company, I belonged to a marketing research team for three years and later was assigned to the R and D section of the company. I hope to be on your research staff so that I can bring my knowledge and skills to your research project.

私はこの業界で10年の経験があります。大学卒業後10年間ゴールデンコーポレーションで働いてきました。この会社で、3年間マーケティングリサーチチームに所属し、その後研究開発課に配属となりました。御社の研究プロジェクトで、私の知識と技能が使えるように、御社の研究スタッフを希望いたします。

ポイント 応募先の仕事につながるような話をするとよい。
語句 会社の課（section）や部（department）の種類

R and D（=research and development）研究開発　accounting 経理　business 営業　sales 販売　personnel 人事（=HR [human resources]）　import 輸入　export 輸出　general affairs 総務　public relations 広報

⑲ What was your major?
専攻は何でしたか？

My major was economics. I enjoyed learning economics though I sometimes had a hard time understanding some of its theoretical aspects. I also studied English very hard at college and even now I am studying it, because English is an international language. For the purpose of making the best use of my knowledge of economics and my skills in English, I applied to your company.

私の専攻は経済でした。時々理論的なところで理解に苦しむことがありましたが、経済学の勉強は楽しかったです。私はまた、大学では英語を一生懸命勉強しました。今も続けています。というのは、英語は国際語だからです。経済の知識と英語の技能を最大限に利用するために、御社を志望しました。

[ポイント] 専攻の話から、志望動機につなげるとよい。
[注意]「自分の知識や技能を使う」は、my knowledge や my skills のように my が必要。

⑳ Why did you choose that major?
なぜその専攻を選んだのですか？

The reason why I chose agriculture as my major was because I thought it would be useful in the not-too-distant future. For example, as the Chinese economy expands, 1.3 billion people will be rich enough to eat a lot more. As a result, there will surely be an extreme food shortage in the near future. In that case, agriculture will be the key to the solution of the problem.

私が専攻として農業を選んだのは、遠くない将来、それが有益になると思ったからです。例えば、中国経済が成長するにつれ、13億の国民はこれまでよりもずっとたくさん食べられるくらい豊かになるでしょう。結果として、確実に近い将来、極端な食料不足が起こってきます。そのような場合、農業はその問題の解決の鍵になるでしょう。

ポイント 理由として具体的な例を挙げると、説得力が増す。

㉑ What are you favorite books and movies?
あなたの好きな本や映画は何ですか？

My favorite books include novels written by Shin'ichi Hoshi, who is regarded as one of the three greatest novelists of science fiction in Japan, the others being Sakyo Komatsu and Yasutaka Tsutsui. His real name Shin'ichi with the Chinese character Shin, or parents, comes from the slogan: Kindness comes first, because Shin is part of the Chinese characters meaning kindness, and ichi means number one. Anyway I often read his books.

私の大好きな本に星新一の小説があります。彼は、小松左京・筒井康隆と並んで日本のＳＦ御三家と称されます。本名の「親一」（シンの字が異なる）は「親切第一」から来ています。とにかく、私は彼の本をよく読みます。

ポイント 「新一の本名は親一である」のようなプチ情報が言えると好印象。

第2部 実戦編

22. What is the most interesting book you have recently read?
最近読んだ中で一番面白かった本は何ですか？

> The book I recently read which I thought the most interesting is entitled *Nihon-no Shukyo*, the direct translation of which is *Religions in Japan*, published by Nihon-bungei-sha. Since I am keenly interested in temples and shrines in Kyoto, I had long wanted to learn more about religions in Japan. I found the book at a bookstore, bought it and read it immediately. This book helped a great deal by allowing me to learn the facts and figures about Japanese religions in general.
>
> 最近読んだ本の中で最も面白いと思った本のタイトルは日本文芸社の『日本の宗教』（直訳は Religions in Japan）です。私は京都の神社仏閣に非常に関心があるので、ずっと日本の宗教について深く学びたいと思っていました。本屋でその本を見つけ、購入し、早速読みました。この本は、私が日本の宗教全般についての詳細な情報を得るのに大いに役立ちました。

＊1行目で book と I の間に that が省略されている。N that ... which 〜 の構造は、「…なもののうちで〜な N」と訳せる。これは、関係代名詞の二重限定の例である。
＊日本語の書名など、正式の英語名称がない場合は、the direct translation of which is ... の形は便利な表現。
＊「A は B が C するのに大いに役立つ」は A helps a great deal by allowing B to do C. となる。A helps a great deal for B to do C としないこと。

23. Tell me about your successful experiences.
あなたが成功した体験を教えてください

> In my previous office, a sales promotion project for a newly developed product was left in my charge. I had several serious discussions with my staff as well as conducting some research on strategies for sales promotion mainly through computer simulations. In the course of time my

project was successful and as a result, I was able to contribute a great deal to the increased sales of the product.

以前の職場で、新規開発製品の販売促進プロジェクトの担当になりました。私は主としてコンピュータシミュレーションを通して販売促進戦略の研究をすると同時に、スタッフと真剣な議論を数回行いました。やがてプロジェクトは成功し、結果としてその製品の売り上げに大きく貢献しました。

ポイント 時系列に成功の過程を述べるとよい。
＊同じ単語の変化形を1文で2つ以上用いると不自然。例えば、greater sales とはいえるが、contribute a great deal to the greater sales とするとよくない。

㉔ Tell me about your unsuccessful experiences.
あなたが失敗した体験を教えてください

I didn't have many serious unsuccessful experiences; however, in my college days, I was mistaken about the deadline of one of my term papers and the professor flunked me. Afterwards, I decided to always keep a note as a reminder in my pocketbook.

Track 26

そんなに深刻な失敗談はないのですが、学生時代1つのレポートの提出期限を間違えて単位を落としたことがあります。後に、忘れないように常に手帳にメモすることに決めました。

ポイント 「大きな失敗はない」というふうにもっていくのがよい。
＊ to 不定詞の to と原形動詞の間に副詞が入ることがよくある。
　I did every possible thing to better change the situation.（better は副詞）
　（私は状況を少しでもよい方向に変えようとできる限りのことをした）
　だから、本文も always to keep ではなく、to always keep とする。

第2部 実戦編

若干答えるのに難しそうな質問　　　　　　　　　　　　　　　レベル2

㉕ What was your most painful experience in your life?
今までで最もつらかったことは何ですか？

> When I was writing one chapter for my graduation thesis, my computer crashed. I didn't put the data into a floppy disc or compact disc. My file containing the whole chapter suddenly disappeared. That was the most painful experience I ever had so far. Reflecting upon this incident, I made up my mind to always backup my data.
>
> 私が卒業論文の1つの章を書いているとき、コンピュータがクラッシュしました。フロッピーやCDにデータを取り込んでいなかったので、1章分の原稿が入ったファイルが消えてしまいました。これが最も痛い経験です。この出来事を反省して、データのバックアップを常に取ることを心に決めました。

[ポイント] 失敗談の後は必ず、今後の対策に少し触れること。

㉖ How did you get over the difficult situations that you had faced?
過去の直面した困難な状況をどうやって克服しましたか？

> In my previous office, I was in charge of a certain project. One of my staff was against some of the decisions made by our boss. What the staff member insisted was theoretically correct but practically almost impossible. I had several heated discussions with the member and with our boss. I finally got over the difficult situation by introducing some workable parts of the member's idea into our project. Through this incident, I learned the importance of active discussions.
>
> 私の以前の職場で、私はあるプロジェクトの担当でした。私の部下の1人が上司の決定事項のいくつかに反対でした。スタッフが主張していたことは、理論上は正しいけ

れども実践はほとんど不可能でした。その部下と上司ともに激しい議論を何度もしました。最終的に部下の考えの実行可能な部分をプロジェクトに取り入れ、難局を乗り越えました。この出来事を通じて、積極的な議論の大切さを学びました。

注意 「人 is in charge of 事」＝「事 is in the charge of 人」

27 How do you think your friends would describe you?
友人はあなたのことをどう見ていると思いますか？

I think my friends would describe me as calm. Actually, I try to be calm all the time. This is my father's teaching. He always tells me that if I feel mad at someone, I should be patient, and also teaches that anger will not help me solve any problem.

友人は私を穏やかだと言うと思います。実際、私は常に落ち着くよう心がけています。これは父の教えで、私がもし誰かに腹を立てたら我慢すべきだ、怒りは問題を何も解決しない、と教えられているのです。

＊「describe 人 as …」の構文は as 以下に名詞または形容詞がくる。

28 How do you bounce back from a setback?
あなたは挫折からどう立ち直りますか？

Failure makes everyone shocked. I am not an exception. However, I make it a rule to think about how a person who I respect most will deal with the problem. In my case, Kukai, a famous priest of the Heian period, is the person. He would not be shocked by such a failure. Thanks to this idea, I can get through almost every difficult situation.

失敗には誰でもショックを感じます。私も例外ではありません。しかし、私が最も尊

敬している人ならその問題にどう対処するかを考えることにしています。私の場合、平安時代の名僧、空海がその人です。彼ならそんな失敗にショックを感じないでしょう。この考え方のおかげで、ほとんどすべての困難な状況を乗り越えることができます。

ポイント 具体的な方法論を言えると説得力があります。

29 What is your most treasured saying?
大切にしている言葉は何ですか？

My most treasured saying is by Maria Mitchell, an American astronomer. That is "Study as if you were going to live forever; live as if you were going to die tomorrow." I think this is a beautiful philosophy, because you should study until you die and should cherish each moment of your life to the extent that you feel happy even if you die in the next moment.

私が大切にしている言葉は、アメリカ人天文学者マリア・ミッチェルの言葉です。それは「永遠に生き続けるかのごとく学問し、明日死ぬかのごとく生きよ」です。これは素晴らしい考え方だと思います。というのは、死ぬまで勉強すべきだし、次の瞬間に死んだとしても幸せを感じられるように、人生の一瞬一瞬を大切にすべきだからです。

ポイント 気のきいた言葉を「座右の銘」（my motto）にしておくとよい。

30 What do you think is the most important in communication?
コミュニケーションで大切なことは何だと思いますか？

Being a good listener is one of the most important factors in successful communication. Listening to others' speech will make you well informed and giving others a chance to speak will make them happy.
I think a good listener is a good conversationalist. Therefore, I aim at being a

good listener, rather than an eloquent speaker.

聞き上手は意思伝達を成功させる最重要要因の1つです。他人の話を聞けば情報を十分得られるし、話すチャンスを与えれば人はうれしいものです。聞き上手は話し上手だと思います。だから私は雄弁家より聞き上手を目指しています。

ポイント 自分なりの定義（例：A good listener is a good conversationalist.）ももっておく。

31 How can you make a contribution to our company?
あなたは当社にどう貢献できますか？

My strong point is my native patience. I am spiritually strong. I can contribute to your company if you give me a task that everyone hates to deal with. I am willing to do any task thanks to my stick-to-itiveness.

Track 33

私の長所は持ち前の我慢強さです。私は精神的に強いです。誰もが嫌がる仕事を与えていただければ貢献できます。どんな仕事も粘り強く、すすんで行います。

＊少しレベルの高い単語を用いることもインパクトを与え、好印象である。例えば、「粘り強さ」を意味する単語と例文に次のようなものがある。
　　perseverance、tenacity、pertinacity
　　He lacks tenacity of purpose.（彼には粘りがない）

32 Do you know what kind of work our company has?
当社の仕事を理解していますか？

I know your company offers a variety of jobs. One of the most important jobs announced by your president is the creation of a completely new system to increase productivity. I would like to work

Track 34

to help create the system by using my knowledge and skills of information technology.

御社はさまざまな仕事を提供されるのを存じております。社長が公表された最も重要な仕事の1つに、生産性向上のためのまったく新しいシステムの構築があります。私はITの知識と技能で、そのシステムを構築するお手伝いをしたいと思います。

ポイント 仕事で実際に自分がどう関わることができるかということまで触れるとよい。
* 「…の知識と技能で」を by my knowledge and skills of … と訳すより、by using my knowledge and skills of … とするほうがよい。by を用いると動名詞が後に続く。

33 In what work are you most interested in our company?
当社のどんな仕事に関心がありますか？

I have a keen interest in your export department. I heard and read your future goal to find new markets overseas for your newly developed products. I am prepared to go anywhere in the world to find the country where we can sell those products. Since I am skillful not only at speaking English but at writing it to a certain degree, you can safely leave the job up to me.

Track 35

私は御社の輸出部に非常に関心があります。新規開発の製品の海外の市場を開拓する将来的な目標を聞いたり読んだりしました。私はこの商品が売れる国を探すために、世界のどこへでも行く覚悟です。私は、ある程度まで、英語の会話のみならず作文も熟達しているので、その仕事を私に任せていただければと思います。

語句 to a certain degree（ある程度）が全体の意味を和らげるので偉そうではない。

34 What interests you most about this job?
この仕事のどこに興味をもっていますか？

This job seems to be very difficult but if you succeed in the project, your company will, in the end, make a far better showing. The more challenging, the happier we may be if we succeed. What interests me most about this job is the very fact that the job is challenging.

この仕事は非常に難しいですが、そのプロジェクトに成功すれば、御社は最後にはこれまで以上の実績を示すことになるでしょう。挑戦的であるほど、成功したらうれしいものです。この仕事に関して私も最も関心のある点は、まさにこの仕事はやりがいがあるという事実です。

語句 「これまで以上の実績を示す」は、make a good showing（実績を示す）の good の部分を比較級にするとよい。

35 What's your impression of our company?
当社の印象はどうですか？

Before this interview, I visited your company twice. I was moved by your management policy and its related principles when I learned them at the first explanation meeting, but more impressive was the fact that everyone in your office was doing their job speedily and that at the same time they all looked happy when I visited your company the second time.

この面接試験の前に、御社には2回訪問しております。第1回目の説明会で御社の経営方針とそれに関する原則を知り、感銘しました。しかし、もっと感動したのは、2度目に訪問させていただいたとき、御社のすべての社員が仕事をてきぱきとこなしており、同時にみんな、楽しそうであったという事実です。

語句 「てきぱきと」の英語表現
　　speedily, quickly, promptly, briskly, expeditiously
　　with expedition, with alacrity, with promptitude
　　with brisk dispatch, in a businesslike way

語句 「最初に」は the first time、「2度目に」は the second time（for も at も不要）。次の違いに注意しよう。

in the first place　はじめに
for the first time　はじめて
at first　はじめは

36. What do you think is the most important qualification for this job?
この仕事で最も重要な資質は何だと思いますか？

The most important qualification for the job is concentration. As a matter of fact, concentration is needed for any job, but I dare to say that for this very job, concentration will play a vital role in bringing the related project to a successful result. The reason is the job requires careful observation and logical analysis.

Track 38

この仕事に対する最も重要な資質は、集中力です。実際、集中力はどんな仕事にも必要ですが、特にこの仕事については、関連するプロジェクトを成功に導くのに集中力が非常に重要な役割を演じるものとあえて言わせていただきます。その理由は、この仕事が注意深い観察と論理的分析を必要とするからです。

語句　play a vital role in ...　…において極めて重要な役割を演じる

意外性の高い質問　レベル3

37. Why didn't you do better in your college?
大学時代はなぜ成績がよくなかったのですか？

I expected to be asked that question. The fact that I didn't do better in my college doesn't mean that I didn't study. On the contrary, the reverse was the case. I took the same classes as a foreign exchange student did and translated some of what we learned in Japanese into English for him. Because I did something like this in most cases, I was not able to get all the credits of my own required subjects. However, I came to have a good command of English instead. I would like to use my English skills for my future business.

その質問がされるのではないかと思っていました。大学時代の成績が悪い事実は、私が勉強しなかったからではありません。それどころか、むしろ逆です。交換留学生と同じクラスを取り、彼のために、日本語で学んだことのいくらかを英語に翻訳したりしていました。たいていこのようなことをしていたので、自分自身の必修科目の単位すべては取ることができなかったのです。しかしその代わり、英語が十分駆使できるようになりました。私の英語能力を将来のビジネスに使いたいと思っています。

ポイント　なぜ成績が悪いのかに対し、別に価値のあることをしていたからという理由を挙げるのが望ましい。「単にサボっていた」(just lazy) ではよくない。

38　Could you explain why you have changed jobs so often?
どうして仕事を次々に変えたのですか？

I just wanted to find a better workplace for me every time. Because of my job hopping, I had a wide variety of experiences. The past experiences, either good or bad, helped me a lot to improve my personality and enhance my managerial skills. This time I am sure I can find the best place at your company, not just a better place.

毎回私にとってよりよい職場を探したかったのです。私の転職により、幅広い経験をさせていただきました。過去の経験はいろいろありましたが、私の人間性向上、管理能力の涵養に大いに役立ちました。今回は、御社にベストな場所を見つけました。better ではなく best です。

ポイント　転職をマイナスに捉えないこと。だから、そのことを謝ったりするのは避けよう。対比表現 (better というより best) などは好印象である。

39 How aggressive are you?
やる気はありますか？

I am ready to work overtime, and I am prepared to work on weekends. It is OK for me to be transferred to any branch of your company. Last but not least, it doesn't matter at all if I have to go anywhere outside of Japan, any far-off place, and stay there to work for any period of time. This answer shows how aggressive I am, I am sure.

残業する覚悟です。週末も働く覚悟です。どの支店に転勤になっても問題ありません。海外のどこへ、日本からどんな遠いところでも、出向となり、どれくらいの期間働くことになってもＯＫです。この回答でいかに私がやる気満々かわかっていただけるでしょう。

＊ aggressive は「攻撃的」という意味であるが、「覇気がある」(full of go、full of pep) とか「やる気満々」(full of drive、have a lot of drive) というプラスのニュアンスがある。ほかに形容詞１語では次のような単語も使える。すべて a で始まる単語。
→ aspiring、ambitious、adventurous

40 Tell me about your philosophy.
あなたの人生観について教えてください

The witty remark representative of my philosophy is "Low aim is a crime." I would like my aim to be high at any time. Without clear goals, we cannot lead an ambitious life. I will try to do anything challenging to live such an exciting life.

私の人生観を代表する金言は、「低い目標は罪だ」です。私は、目標はいつも高くもちたいと思っています。はっきりした目的なしに野望に満ちた人生は送れません。面白い生活をするために、やりがいのあることは何でも挑戦するつもりです。

[語句] 金言(きんげん)のいろいろな言い方
　　　a maxim、a watchword、a dictum、a gnome
　　　a golden saying、a wise saying、a wise saw

TIPS

「やりがい」の英語

(1) これはやりがいのある仕事だ。
　　→ This is a job worth doing. / This is a challenging job. / This is a rewarding job.
(2) こんな仕事はやりがいがないよ。
　　→ I am just wasting my time doing this work.
(3) 無能な上司の元で働くのはやりがいがなくなるね。
　　→ Working under the incompetent boss robs me of the will to work.

41 Are you a self-starter?
あなたは自主的なほうですか？

Yes, I am a self-starter. I often look after I leap rather than look before I leap. If I think I should do something, I will do it at the next moment. And sometimes I think and act at the same time, or even I act faster than I think: therefore, I can do anything efficiently. You may find this is true if you allow me to work in your office.

私は自主的です。「転ばぬ先の杖」というよりも「転んだ後の杖」というような行動もよくあるのです。何かをすべきだと思ったら、次の瞬間にそのことをしています。そして、時々、思考と行動を同時に行います。あるいは、考えるより行動の方が速い場合すらあります。だから何でも効率的にできます。御社で働かせていただければ、このことが本当だとわかるでしょう。

[ポイント] self-starter とは「自分で何でも始める人」（＝自主的な人）の意味。自主的ならば、その説明を具体的にするとよい。

99

I am afraid to say that the answer is no. However, I am good at logical thinking. After a careful consideration about whether I should do something or not, I will do it quickly and accurately once I decide to do it. I am probably not the first person to do something with a probability of failure but the second person to do it without a possibility of failure.

残念ながら答は NO です。しかし、私は論理思考が得意です。あることをすべきかどうかについてしっかりと考えた後、いったんすることに決定した場合、それを早く正確にします。私は失敗の確率が高い最初の人よりも、失敗の可能性のない 2 番目の人なのです。

ポイント No の答えの場合はよい面を強調すること。

42 Would you hire yourself if you were the interviewer of our company?
あなたが面接官だとしたら自分を採用しますか？

I have to say I would hire myself if I were the interviewer. That's the reason why I applied to your company. The strongest reason is that I have an abundance of knowledge and experiences in this industry, which can be utilized for many difficult tasks offered to me at your company.

私が面接官ならば自分自身を採用すると言わざるを得ません。だからこそ御社に応募したわけです。最も大きな理由は、私がこの業界において知識と経験が豊富だからです。この知識と経験は、御社で与えられる難しい多くの課題に利用できるからです。

ポイント No という答えを選ぶと「謙遜」(humbleness) しているというより「やる気」(aggressiveness) がないと判断される。

43 Are you applying to other companies?
ほかに応募している企業はありますか？

I am applying to two other companies in the same industry. However, I have to say that your company is my first choice. The reason why I apply to other companies is just because I thought it was important to have options in the case that one or two might reject me.

私は同業界であと2社受けています。しかしながら、私が言わなければならないのは、御社が第一志望ということです。他社を受けている理由はまさに、1社か2社が私を採用しなかった場合に備えていくつかのオプションをもっていることは重要だと思ったからです。

ポイント 正直に答えることが重要です。しかし、今受けている会社が最優先であると述べるべき。

44 Would you like to climb up the corporate ladder in the future?
将来は出世したいですか？

As a matter of fact, I am not so interested in climbing up the corporate ladder. What I want to do is to concentrate on my job while I am working and to concentrate on enjoying my life while I am not working. As a result, I may be a section chief or even manager of your company. Anyway to climb up the ladder is not my purpose.

実は、出世の階段を上ることにはそれほど興味がありません。私がしたいことは、仕事をしているときは仕事に集中し、仕事をしていないときは人生をエンジョイすることに集中することです。結果として、御社の課長、あるいは部長になっているかもしれません。とにかく、出世階段を上ることは私の目的ではありません。

ポイント 出世階段を上るのは結果論（result）であると述べるほうがよい。

45 Do you want to be the president of this company?

当社の社長になりたいと思いますか？

Of course, I want to be the president of your company. At present, I am not qualified for the position because I am too young. However, being young is the greatest advantage when I do anything. What I can do right now is make the best use of this youth and work diligently. My goal at the moment is to become a man of large caliber.

もちろん、御社の社長になりたいと思います。現在は若すぎるので、その地位にふさわしくないです。しかしながら、若いということは何を行うにしても最大の武器です。私が今できることは、この若さを最大限に利用し、まじめに働くことです。目下の私の目標は器の大きい人間になることです。

語句 「器の大きい人間」は a man of great capacity とも表現できる。
＊ make the best use of ... は to make the best use of ... の to の省略。ただし目的を表す場合は、to 不定詞の to を省略しないほうがよい。

46 What would you do if you were not assigned to the department of your choice?

希望の部署に配属されなかった場合はどうしますか？

If I were not assigned to the department of my choice, I would be a little shocked at first, but later I would realize it's important to work very diligently even if I am assigned to another department. I may find I am suited for a department different from the one of my first choice.

もし私が選んだ部署に配属されなかったら、最初のうちは若干ショックでしょう。しかし、後に、たとえどんな部署に配属されても、非常に熱心に働くことが重要であると思うようになるでしょう。第1志望の部署と異なる部署が自分に合っていることがわかるかもしれません。

> ポイント　「AがBに合う」にはA is suited for Bのほかに、B suits A、B agrees with Aなどがある。本文の場合、It is in my nature to work in a department ....（…の部署で働くのは性に合っている）の形も使える。

47 Do you have any suggestions for our company?
当社に何か提案はありますか？

> I am not in a position to suggest anything now, but if you allow me to say anything specific, I will say that it may be important to make a conference room well equipped with computer systems on the 7th floor of the main office. The reason why I suggest this is just because every section has easy access to the suggested location, making it possible for you to have efficient conferences.
>
> 私は今は何も提案する立場ではありませんが、具体的なことを言わせていただけるなら、本社の7階にコンピュータシステム完備の会議室を作ることが重要であると考えます。この提案の理由は、全部署から、その場所にはアクセスが容易で、効率的な会議が期待できるからです。

> ポイント　会社の研究をしっかりしていないと提案はできないので、何よりも会社の下調べが大切。提案は具体的なほうが面接官の心を動かす。

48 What kind of people are you reluctant to work with?
どんな人と一緒に働きたくないですか？

> So far I haven't met any particular kind. However, there are several types of people I would eliminate from the list of people I want to work with. I may probably rule out those who prefer chatting to working. Lazy people are out of the question of course.

第2部 実戦編

今までは特にそのような人には会いませんでした。しかし私が一緒に働きたい人のリストから排除するいくつかのタイプがあります。恐らく、仕事よりもおしゃべりが好きな人も除外するでしょう。もちろん、怠け者は問題外です。

ポイント 「どんな人とも一緒に働く努力をできる限りする」（make every possible effort to work with any person）も回答として可能。

受験者自身の情報に関する質問　レベル2

49 Tell me about your outlook on the world.
あなたの世界観を教えてください

I would like to say that my outlook on the world is represented by the importance of communication with people of the world. Communication is the key to mutual understanding between different nations of the world. It is interesting to know the word "world" contains the word "word," which seems to insist that word is important in the world. On the other hand, the Chinese characters meaning "word" contain another Chinese character meaning "world." In this case, the world seems to be important in the word. Anyway, words and the world are interrelated culturally, socially, economically, politically and linguistically.

Track 39

私の世界観は、世界の人々とのコミュニケーションの重要性に代表されると申し上げたいと思います。コミュニケーションは世界の異なる国民間の相互理解への鍵です。world という単語は word という単語を含んでいるのが興味深いですが、これは言葉が世界で重要であるということを主張しているようです。一方、「言葉」を意味する漢字は「世」を意味する漢字を含んでいますが、この場合、世界が言葉の中で重要であるみたいです。とにかく、言葉と世界は文化的に、社会的に、経済的に、政治的に、そして言語学的に関連し合っています。

語句 one's outlook on ... は「…観」の意味。ほかに one's outlook on life（人生観）、one's outlook on education（教育観）など。

＊communication が世界にとって重要であることを主張していますが、world に word が、「言葉」に「世」が含まれていることを挙げるなど、ユニークな視点で述べると面接官にアピールする。

50 Is there anything you do to maintain good health?
健康のために何かしていますか？

My motto is walking before and after working. I make it a rule to walk as much as possible. I try not to use escalators or elevators if the buildings are less than six storied; I am willing to use stairs. I take a walk for about half an hour in my neighborhood before eating breakfast. When coming home early, I walk about another half an hour before eating dinner. Walking is the easiest and cheapest method of maintaining good health.

私のモットーは仕事の前後に歩くことです。できるだけ歩くようにしています。ビルが5階以下ならばエスカレータやエレベータは使用せず、階段をすすんで利用します。朝食前に近所を約半時間散歩します。早く家に帰ったときは、夕食前に約半時間歩きます。歩くことは健康を保つ最もやさしく安い方法です。

注意 less than は than 以下を含まない。less than 6 は「5 以下」である。

51 What is the most impressive experience you have ever had?
今までで一番感動したことは何ですか？

The most impressive experience I have had so far is that I saw the Great Wall of China, the total length of which is 6352km. I was astonished not only by the grandeur of the Great Wall itself but by the innumerable number of people, especially westerners, gathering at the site. I saw that almost all the people walking in the city were Chinese but once entering the

第2部 実戦編

area of the Great Wall, foreigners of different nationalities suddenly increased in number.

これまで体験した最も印象的な経験は、総延長6352キロの万里の長城を見たことです。私は万里の長城の壮大さだけでなく、そこに無数の人々、特に西洋人が集まっていることに驚嘆しました。市内を歩く人たちのほとんどが中国人だったのに、いったん万里の長城のエリアに入ると、異なる国籍の外国人の数が突然増えたのです。

ポイント 数値的な情報を知っていることは、面接官に好印象。

52. What is your special concern about recent news?
最近のニュースであなたが特に懸念しているものは何ですか？

My special concern is that there has been an increasing number of indiscriminate murder cases in Japan. We can think of several reasons why sad cases of this kind increase in number. I personally think there are two major reasons: One is educational and the other is environmental. The murderers are not well educated and are polluted in a sense by naturally taking food additives or other toxins in their body because of their eating habits.

Track 42

私が特に関心を抱いているのは日本で無差別殺人事件が増加していることです。我々はこのような悲しい事件が増えている理由をいくつか考えることができます。個人的には2つの主な理由があると思います。1つは教育面、もう1つは環境面です。殺人者は教育が十分でなく、また彼らの食習慣によって食品添加物やその他の毒物が自然に体に取り入れられ汚染されているのです。

ポイント 自分の意見まで言えるとよい。

53. What was your role in the club activities?
クラブ活動でのあなたの役割は何でしたか？

106

模擬面接1 一問一答例 第5章

> I was a treasurer of my club. My job was to collect membership fees from the members and to submit and read a financial report at an annual general assembly. Though my job was unobtrusive in a sense, I think I played an important role in my club.
>
> 私はクラブでは会計でした。私の仕事は会費の徴収と年次総会での会計報告でした。私の仕事はある意味地味でしたが、クラブでは重要な役割を演じたと思います。

Track 43

ポイント どんな仕事であったか具体的に述べることが重要。
語句 unobtrusive 目立たない、地味な

54 Why did you quit the club activities?
クラブをやめたのはなぜですか？

> The reason why I quit the activities was not because I came to dislike them but because I had to concentrate on preparation for the national examination of a licensed tax accountant. I studied very hard and finally got the license.
>
> 活動をやめた理由は、嫌いになったとかではなくて、税理士の国家試験の準備に集中しなければならなかったからです。懸命に勉強した結果、やっと資格を取りました。

Track 44

ポイント 有力資格を取っている場合は、資格の話も有効。

55 What do you do to improve yourself?
ステップアップのためにしていることはありますか？

> I study English conversation by attending a small English school on Saturday evening to improve myself, because I want to brush up

Track 45

107

on English. I had difficulty finding a place where I could use English after graduation from my college; therefore, one of my friends recommended I go to the school. Thanks to her, now I enjoy studying English there to my heart's content, because some of the teachers at the school are very kind and informative.

自分自身を高めるために、土曜日の夕方に小さな英語学校に通って英会話を学んでいます。なぜなら、英語力に磨きをかけたいからです。大学卒業後、英語を使うことが可能な場所がなかなか見つからなかったのですが、私の友人がその学校をすすめてくれました。彼女のおかげで、英語学習をそこで満喫しています。なぜなら、その学校の先生方の中に非常に優しくて、いろいろ教えてくれる方がいるからです。

ポイント 「人のおかげ」という表現を入れることにより好印象が期待できる。

56 What skills would you like to master?
身につけたいスキルはありますか？

I would like to acquire further knowledge and skills about spreadsheet applications and other related useful software. In order to keep abreast of the IT-oriented society, I would like to master the practical use of the above software.

私は表計算ソフトとその他関連するソフトについてさらなる知識と技能を身につけたいと思っています。IT志向社会に遅れないように、このソフトの実践的利用法をマスターしたいと考えています。

語句 oriented は「…志向の、…中心の、…本位の」の意味をもつ形容詞を作る。
export-oriented（輸出志向の）　male-oriented（男性中心の）　profit-oriented（利益本位の）　consumer-oriented（消費者本位の）　diploma-oriented（学歴偏重の）

模擬面接1 一問一答例 第5章

57 Why do you think you would be an asset to our company?
あなたが当社の財産になると考えるのはなぜですか？

I have acted as captain of the baseball team for two years in my university. As a captain, I learned various kinds of things related to problem-solving, decision-making, and other activities. This experience is now an asset to my life and I am sure this will also be an asset to your company.

Track 47

私は大学で2年間野球部の主将をしていました。主将として問題解決、意思決定、およびその他の活動に関するさまざまなことを学んできました。この経験は現在、私の人生において財産です。そしてこれはまた御社にとっても財産となるものと確信しています。

語句 captain（スポーツチームの）主将　manager（スポーツチームの）監督
caretaker（スポーツチームの）マネージャー
＊「芸能人・店・ホテルのマネージャー」は manager、「映画監督」は director、「（工事などの）現場監督」は a field overseer または an on-the-job superintendent。

58 What is the theme of your graduation thesis?
卒業論文のテーマは何ですか？

Since I majored in world history, the title of my graduation thesis was "A study on the economic history of the Tang Dynasty." Through the study, I learned how large and influential the capital of the Tang Dynasty, Chang'an, was.

Track 48

私は世界史を専攻しましたので、卒業論文のタイトルは「唐王朝の経済史に関する一考察」でした。その研究を通じ、唐の都、長安がいかに大きくて影響力があったかを学びました。

ポイント 卒業論文のタイトルを英語で言えるようにしておこう。

59 Tell us about your good friends.
親友について話してください

I have three good friends. I meet two of them about twice a month. We have a good time talking about various kinds of things. We were classmates at junior high. The other one is a member of a fishing club in my city. Since I like fishing, I made friends with him at the club four years ago. What the four of us have in common is passion in a positive sense. I really feel that birds of a feather flock together.

私には 3 人の親友がいます。2 人は月 2 回ほど会います。いろいろなことをしゃべりながら楽しい時を過ごします。我々は中学時代のクラスメートでした。残りの 1 人は町の釣りサークルの会員です。私は釣りが好きなので、4 年前そのサークルで友達になりました。我々 4 人に共通していることは、よい意味での情熱です。本当に類は友を呼ぶものだなあと感じています。

ポイント 諺を引用して、自分自身のよさも売り込むニクイ方法。

注意 2 人の説明をする場合、1 人は one、もう 1 人は the other とします。another ではありません。3 人の場合、1 人は one、2 人目は another (person) または a second person、最後の 3 人目は、the other (person) となります。

模擬面接1 —問一答例　第5章

意見を問う質問　　　　　　　　　　　　　　　　　　レベル2

60　What do you think about our products and services?
当社の商品・サービスをどう思いますか？

I think your products are of the highest quality at the moment. Of course, in this field, your competitors are also eager to develop better items, so you must always keep a strict watch on the current situation. And as for your services, I am satisfied with the way I was treated in connection with this very interview. Therefore, your services in general must be superb.

Track 50

私は御社の製品は目下最高レベルであると思います。もちろん、この分野では、御社のライバル社がよりよい商品を開発するのに躍起になっていますので、常に最新の状況をしっかりと見守る必要があります。そして御社のサービスについては、まさにこの面接に関連して、私をもてなした方法に満足しています。だから御社のサービス全般も素晴らしいものと確信します。

ポイント　とにかくほめるのがよい。具体例を挙げて適当にほめているのではないことを強調しよう。

語句　「最高レベル」という表現が質の高さの意味のとき、the highest quality となる。the highest level は不適切。

61　What do you think are our greatest strengths and faults?
当社の最大の強み・弱みは何だと思いますか？

The question is both easy and hard at the same time to answer. It is easy to answer the question about your strengths. Your greatest strengths are represented by your marketing strategies which created your company's mascots who have gained great popularity among the consumers of your products. On the other hand, it is hard to answer the question about

Track 51

111

your faults. Basically, there are no serious faults in any aspects of your company. At the moment I cannot find problematical ones.

その問題は回答するのにやさしくもあり難しくもあります。御社の長所に関する質問は回答しやすいです。御社の最強の長所は、御社製品の消費者の間に非常に人気を博している御社のマスコットを作り上げた、御社のマーケッティング戦略に代表されます。一方、欠点についての質問に回答するのは難しいです。基本的には御社の諸側面において、深刻な欠点は存在しません。現在のところ、問題点は発見できません。

ポイント faults（欠点）については見当たらないとするのがよい。なお、easy and hard at the same time（やさしくもあり難しくもある）という表現はインパクトがあり、好印象。
* mascots は人格を意識するので、関係代名詞は who が用いられる。

62 What do you think about the current situations in this field?
この業界の現状をどう思いますか？

Business in this field is slack these days, but this industry is not always at the bedrock of the depression. If the problem of the skyrocketing oil prices is solved to a certain degree, there will be a chance for the industry to take a turn for the better.

最近は本業界の商況が沈滞していますが、この業界は必ずしも不況のどん底にあるというわけではありません。オイル価格の高騰の問題がある程度解決に向かえば、業界が好転する可能性もあります。

語句 at the bedrock of the depression 不況のどん底にある （bedrock=bottom）　skyrocket 高騰する（=jump / soar / surge up）

63. What do you think is necessary to influence someone?
人を動かすには何が必要だと思いますか？

I think there are several things which may influence others, but I would choose consideration as the first choice. Consideration is the name of the game in encouraging people to do something. If you want someone to do something, you should be considerate of him or her and you should put yourself in his or her place all the time.

人を動かす要因はいくつかありますが、なんといっても思いやりです。思いやりは人に何かをするよう激励するときには肝要です。もし誰かに何かをしてほしいときは、その人のことを理解し、常にその人の身になってみるべきでしょう。

注意 affect someone なら「人に悪影響を与える」という意味になるので注意。

64. How do you handle severe criticism to your work?
あなたの仕事が酷評されたとき、どう対処しますか？

Generally speaking, any severe criticism directed toward someone doesn't affect anything related to his or her work in a tangible and significant manner, because criticism is not an action which may cause a tangible result. Therefore, I will completely ignore such criticism. Even if someone says bad things about me behind my back, I will not care about such things because I am confident in myself.

一般的に言って、直接ある人に向けられたいかなる酷評も、目に見える形や深刻な形で、その人の仕事に関わるいかなることにも影響を与えません。なぜなら批判というのは目に見える結果を引き起こす行動ではないからです。だから、私はそんな批判は完全に無視します。たとえ私のことを陰で悪口をたたいても、気にしません。自分自身に自信があるからです。

語句 be confident in ... (…に自信がある) ≠ be confident of ... (…を確信している)

113

65 What do you think is the most important thing to conduct business?
仕事をするうえで最も大切だと思うことは何ですか？

I think marketing research comes on top of the list of things needed to conduct business successfully. Unless we know prospective customers, we cannot carry out any business. In order to know such customers, marketing research is a must. Therefore, I say marketing research is of utmost importance.

私は、市場調査がビジネスを成功させるのに必要なもののリストのトップにくると考えています。将来的な顧客を知らない限り、いかなる商売も実行できません。そんな顧客を知るために、市場調査は必須です。だから市場調査を最重要と主張するのです。

ポイント　ごちゃごちゃ言わず、1つに絞る。

66 How do you deal with difficult people?
扱いづらい人にはどう対処しますか？

Because there may be many kinds of difficult people, how to deal with them may depend on them themselves. Specifically, I think we have to deal with them based on their nature. However, one common method that applies to every difficult person is listening to him or her first with kindness. By listening to his or her words carefully, I am sure we can find the key to the solution of the problem at issue.

いろいろな種類の難しい人たちがいるでしょうから、彼らにどう対応するかは、彼ら自身によるでしょう。具体的には、彼らの性格にもとづいて対処しないといけません。しかしながら、すべての難しい人に当てはまる共通の方法は、まず優しく聞いてあげることです。注意深く彼らの言葉に耳を傾ければ、きっと問題解決の糸口が見えてくると思います。

ポイント　一般論を述べて、however をはさんで論を展開するとわかりやすい。

67 How would you evaluate yourself?
あなたは自分をどのように評価していますか？

My evaluation of myself is a little difficult to conduct objectively, but I will try. I am a type of person who never gives up doing something if I think it is necessary for me to carry it out. However, as my weakness, since I am too confident in myself, I may not listen to others' opinion sometimes. I will, therefore, try to think carefully about what others say to overcome my weakness.

客観的に自己評価をするのはやや困難ですが、評価してみます。私は必要と思えば途中で投げ出しません。しかし、自信過剰で人の話を聞かない面があります。だから、これからは弱点を克服するために他人の言葉をしっかり吟味するつもりです。

ポイント　自分の弱点に触れて、客観評価を試みること。そして必ずフォローすべき。

68 What do you think about working under pressure?
プレッシャーの中で仕事することをどう思いますか？

Working under pressure is not good; however, this may often occur. Therefore, we should train ourselves so that we can work well in such a situation. It is also better for us to have a special method to relieve stress.

ストレスの中で仕事をすることはよくありません。しかしこのことはしばしば起こりえます。だから、そんな状況でもうまく仕事ができるよう訓練すべきです。ストレスを取り除く特別の方法をもっておくのもよいでしょう。

ポイント　「A however B therefore C」は、「AだがB、だからC」の流れを作って考えるのもスピーチを構成するのに役立つ。

69 Which position would you like to occupy in the future?
将来はどんな役職につきたいですか？

I would like to get a position as a manager of your personnel department in the future, because I majored in social psychology at college and I am keenly interested in jobs related to human relations.

将来は、御社の人事部の部長の職を得たいと思います。なぜなら、私は大学で社会心理学を専攻し、人間関係に関わる仕事に非常に関心があるからです。

語句 get a position as ...（…としての職［地位］を得る）

TIPS

position の語法

(1) The astronomer located the position of the unknown planet.
   （その天文学者は未知の惑星の位置を突き止めた）＜ position ＝位置＞
(2) The planning manager looked for neither power nor high position.
   （企画部長は権力も社会的地位も求めなかった）＜ position ＝地位＞
(3) The chief clerk rose from one position to another.
   （係長はとんとん拍子に昇進した）＜ position ＝職階＞
(4) I was in no position to help him because of the different section.
   （私は異なる課のため、彼を助ける立場になかった）＜ position ＝立場＞

70 What would you do if you were rejected?
当社で不採用の場合どうしますか？

This is the question using the subjunctive mood, isn't it? Grammatically, the subjunctive mood is used when we presuppose something impossible. I hope this will not happen. However, if this would occur, I would give up. I know you will judge me logically, not emotionally. If I am rejected in spite of the fact that I was doing my best during the interview, then I will have no regrets at all.

これは仮定法を用いた質問ですね。文法的には仮定法は不可能な事態を想定するときに用いられます。私はこれが起こらないことを希望しますが、もし起こったら諦めます。御社は論理的で、感情的でない判断をされると知っています。私が面接中努力していたにもかかわらず、拒否された場合は、後悔はまったくいたしません。

ポイント 「仮定法」の切り返しはマイナスのことを質問されたとき使える。

71 Would you enter our company if you received an informal job offer?
内定が出たら、当社に来ていただけますか？

This is a question I have been expecting. I am happy to be asked this kind of question. Of course, the answer is yes! I will enter your company if I receive an informal job offer. I would refuse a job offer from the other companies I have applied to if that happened.

この質問はずっと期待していました。この種の質問はうれしいです。もちろん、答えは「はい」です。内定をいただければ、御社に就職します。内定をいただければ、ほかに受けている会社からの内定はお断りします。

ポイント 質問文を利用して、きちんと Yes の答えだということを確認しておこう。たとえ第1志望でなくてもそうするのがマナーである。

転職の際によく聞かれる質問　　　レベル1

72　Why did you leave your last company?
なぜ前の会社を辞めたのですか？

I left my last company because I wanted to utilize my ability to the fullest. At my previous office, I was always asked to do something which was not related to my talent. This doesn't mean I became lazy or that I was against my boss's directions. On the contrary, I tried my best all the time. I later found that your company would be the most suitable for my career. That's why I decided to quit my last company.

自分の能力を最大限に生かしたいと思ったから、前の会社を辞めました。以前の会社では、私の能力に関係ないことをいつも頼まれました。これは私がやる気をなくしたとか、上司の指示に反発したとかいうことではありません。それどころか、いつも一生懸命仕事をしました。後に御社が私の経歴に最も向いているとわかりました。だから前の会社を辞める決意をしたのです。

ポイント　前の会社の悪口を言うことはよくない。
語句　this doesn't mean ... （これは…を意味しない）はマイナスのことを言ったときにフォローする重要表現。

73　Why do you want to change jobs?
なぜ転職しようと思ったのですか？

I wanted to change the location of the workplace, because I began to take care of my bedridden grandfather, and I moved to a studio apartment near his house. There is no need for you to worry about me. I look after him only on Saturday evening. My previous company I worked for is far from my new place, it takes more than three hours to commute to the previous office, but your company is within an hour's train ride of my place. This is the reason why I wanted to change jobs.

私は職場の場所を変えたかったのです。なぜなら、寝たきりの祖父の面倒を見るようになり、祖父の家の近くのワンルームマンションに引っ越したからです。私のことは心配不要です。私は土曜日の夕方に面倒見ることになっています。私が働いていた前の会社は私の引っ越し先からは遠く、前の会社まで3時間以上かかります。しかし、御社は私のところから電車で1時間もかかりません。これが転職の理由です。

ポイント 転職の原因は、必ずしも仕事自体に関係ない場合がある。上ではそのような例の回答を挙げている。身内の介護の場合は、大変だということを述べないようにすること。会社としては、途中で辞められるかもしれないと、警戒するからである。

74 What did you do in your previous company?
前の会社ではどんな仕事をしていましたか？

I was in charge of a computer software developing team, since I had a working knowledge and skills of computer technology. I think I contributed very much to the development of some useful software.

Track 64

私はコンピュータソフト開発チームの主任をしていました。というのは、コンピュータ技術の実践的知識と技能を身につけていたからです。私は有益なソフト開発に大いに貢献したと思います。

ポイント 前の会社で貢献した旨を述べておこう。

75. What was your last salary?
前の会社の給与はどのくらいでしたか？

I have earned five million yen a year at my previous company. Considering my working experience and skills, I hope to earn at least six million yen a year at your company if possible.

私の前の会社では年 500 万円いただきました。私の職歴と技能を考えて、御社ではできれば少なくとも年 600 万円は希望いたします。

[ポイント] 希望もしっかりと述べることは大切である。外資系の場合は、しっかりと主張しておくべき。

76. How much salary do you expect us to pay you?
給与はどれくらいを希望しますか？

Actually, I have been waiting to be asked this question. This question is hard to answer quickly but it is very important. Since I got a little less than 300,000 yen a month at my previous workplace, I hope to earn more than 350,000 yen a month at your company. Of course, the more, the better. If your evaluation is higher than this level, I will be very happy to accept your offer.

実際には、この質問をされるのをお待ちしていました。この質問はすぐには答えにくいけれど、非常に重要ですね。以前の職場では、30 万円の月給だったので、御社では 35 万円以上の給料を希望します。もちろん、多ければ多いほどよいです。御社の評価がこのレベル以上であれば、喜んでお受けいたします。

[ポイント] 常識を考慮した上で、遠慮せず希望額を述べること。

77 Are you willing to travel?
出張は可能ですか？

Yes, I am willing to go on a business trip any time. If you ask me to go overseas, I will be OK, or I should say I will be more than happy to go. Actually, I have long wanted to contribute to the global business by going abroad.

はい、いつでも出張いたします。海外出張を依頼されても、問題ありません。いや、うれしい以上です。実際、海外出張することにより、国際ビジネスに貢献したいとずっと思っていました。

ポイント 質問文の travel は出張を意味する。とにかくやる気を見せるには、いつでもどこでも出張する姿勢を示すこと。

* by going abroad on business で「海外出張することにより」の意味になるが、この前に contribute to the global business という表現があるので、on business は省略するのがよい。

78 Are you willing to be transferred to one of our branch offices?
転勤は可能ですか？

Yes, I am willing to be transferred to any of your branch offices. My answer is still yes even if it is far away from my present place. In that case, I will move to an apartment near the branch.

Track 68

はい、どの支店にも転勤しても問題ありません。たとえ私の現住所から遠く離れていても、私の答は Yes です。その場合、その支店の近くのマンションに引っ越します。

ポイント 基本的には OK の姿勢を示すべき。

79 Are you willing to work abroad?
海外出向は可能ですか？

Yes, I am willing to work abroad, or rather I really want to work abroad. The reason is that I can have the precious experience of doing business abroad and learn a lot about foreign culture at the same time.

Track 69

海外出向は問題ありません。というより、海外での勤務を望みます。理由は海外でビジネスをする貴重な経験になるのと、同時に外国文化をたくさん学べるからです。

ポイント 独身ならば、それぐらいの覚悟は必要。むしろいい体験と考えること。

I am afraid to say that my answer to this particular question is NO. The reason is not negative; I mean the reason I don't want to work abroad is not due to my poor English ability or something like that. If possible, I want to work there; however, because of personal reasons regarding my family, I cannot work overseas. I have to take care of my mother every Sunday. That's the reason why I say NO.

> 残念ながら、特にこの問題に対する答えは NO と言わざるを得ません。その理由は消極的なものではありません。つまり、海外勤務を希望しない理由は私の英語力が低いからとかいう理由ではないのです。もし可能なら私も海外で働きたいです。しかし、私の家族に関する個人的な理由のため、海外で働けないのです。私は毎週日曜日母の介護をしています。それが NO の理由です。

ポイント　海外の出向となれば、Yes と答えるのが問題の場合もある。そんなとき、家庭的事情を理由に挙げるとよい。海外では働きたくない（語学が弱いから、治安が悪いから、寂しいから）というのは避けること。根性がないと見られる。

80 Why have you job-hopped so much?
転職を繰り返した理由は何ですか？

> That is a very good question. Actually I wanted to be asked this question. I thought interviewers would feel it strange for me to change my jobs so often. The reason why I changed jobs so often is simply because of my long-term career objectives. I went from one place to another based on my career developments. The repeated changes in jobs made my personality well-rounded.
>
> それは非常によい質問です。実際この質問を期待しておりました。面接官の方々は私の転職が多いことを不思議に感じると思いましたから。転職が多い理由は、私の長期的キャリアプランによるものです。経歴向上に従い次々に転職したわけです。この転職は私の人間性を丸くしました。

ポイント　転職がプラスに働いたことを述べる。

81 Have you ever been fired?
解雇になったことはありますか？

I have never been fired so far. I quit all my previous companies under my own volition. I just wanted to find a place where I could turn my knowledge and skills to practical use.

これまでに解雇されたことはありません。以前の会社はすべて私の意志で辞めました。私は、自分の知識と技能を活用できる場所を探したかったのです。

語句 under one's own volition（自らの意志で）　turn/put ... to practical use（…を活用する）

82 How did you get along with your superior in your last job?
以前の会社の上司との関係はどうでしたか？

As a matter of fact, my boss and I did not have good chemistry. However, my boss was a strict but considerate person. His way of thinking toward sales strategies was different from mine. After all, I followed his idea and the result was not desirable. Probably this was due to a lack of effort on my part, not due to my boss's faults.

実際、上司と私は馬が合わなかったのです。しかし、上司は厳しいけれど思いやりのある人でした。彼の販売戦略が私とは異なっていました。結局、私は彼の考えに従い、結果は望ましいものではなかったのです。これは私の努力不足が原因で、上司の落ち度ではないと思います。

ポイント 上司とうまくいっていなかったとしても、上司の悪口になってはいけない。上司とは「問題ない」(get along well with my boss)、または、「気が合う」(hit it off with my boss) が無難である。また、我々は「馬が合わない」(not have good chemistry) が、上司は「人がいい」(a man of personality) などとフォローすべきと思われる。上記の例は、「自分の発想のほうが正しいこと」を暗示している。こ

れはあえてはっきり言わず、面接官に悟らせる手法である。
* due to a lack of effort on my part（私の努力不足で）は丁寧な表現。
次のようなフォローの仕方もある。
I don't know if he likes me, but I like him. Actually I respect him.
（上司が私を好きかどうかは疑問ですが、私は彼が好きです。事実尊敬しています）

転職の際に聞かれる一歩進んだ質問　レベル2〜レベル3

83 What did you learn through the previous job?
以前の職務を通じて学んだことは何ですか？

> I learned not only specific clerical work related to accounting but also techniques concerning how to deal with difficult customers.
>
> 経理に関する具体的な事務だけでなく、難しい顧客といかに対応するかに関する技術を学びました。

ポイント　具体的な仕事内容以外に1つ加えるとよい。

84 What is the biggest mistake you have made in your previous jobs?
今までの仕事でした最も大きなミスは何ですか？

> I have not made a serious mistake in my previous jobs, but it doesn't mean I did not make any mistakes. I made some minor mistakes and among them the biggest mistake might be the typos found in my sales report I presented for the first time at a meeting of my previous section. After this incident, I decided to double-check reports in my charge.
>
> 前職で深刻な間違いはしていません。これは間違いを全然しなかったということでは

第2部 実戦編

> ありません。いくつかの小さな間違いはしました。その中で、最も大きな間違いは、前の課の会議ではじめて提出した報告書にタイプミスがあったことです。この出来事の後、私が担当する報告書は再確認することに決めました。

ポイント　実際に間違いがなかった場合は、「知る限りない」（no mistakes that I know of）としてよい。

85　How was your business performance at your last company?
前職での営業成績はどうでしたか？

> I brought two projects I had come up with to a successful outcome. Thanks to my projects, the sales of newly developed products increased by nearly 15%. This may be my most conspicuous business performance.
>
> 私が提案した２つのプロジェクトを成功させました。そのプロジェクトのおかげで、新規開発商品の売り上げが15％近く伸びました。これが私の最も目立った実績だと思います。

ポイント　具体的な数値を示すと説得力がある。
＊最初の文の bring の目的語は two projects I had come up with で、projects の後に関係代名詞目的格が省略されている。なお、bring O to a successful outcome / bring O to a successful conclusion は便利な表現。

86　What kind of products have you dealt in?
どんな商品を扱ってきましたか？

> I have dealt in state-of-the-art ventilation fans, a loss leader of products of the same kind, at my previous company.
>
> 前社では同種の製品の目玉商品である最先端の換気扇を扱っておりました。

語句 state-of-the-art（最先端の）　a loss leader（目玉商品）

87　What would you like to achieve by this career change?
今回の転職で実現したいことは何ですか？

I would like to give shape to an idea I have long nursed in my mind. My idea is that we should produce software which helps locate managerial problem areas quickly. I think it will surely be possible for me to achieve this goal at your company.

私はずっと温めてきた考えを具体化したいと思っています。私の考えは、経営の問題点を即座に突き止めるのに役立つソフトの製作です。この目標達成は御社で可能だと確信しています。

＊「考えなどを温める」は nurse ... in one's mind 以外に、let ... mellow in one's mind、let ... simmer in one's mind がある。

88　Why did you want to work for your last company?
以前の会社の志望動機は何でしたか？

Because I wanted to make the best use of my ability. Of course, I did my best to use my talents as much as possible.

私は自分の能力を最大限に利用したいと考えたからです。もちろん、できる限りその能力を使うよう、ベストを尽くしました。

ポイント　前の会社でも頑張ったということを述べておこう。

89 What are your criteria for finding another job?
あなたが転職先を選ぶ基準は何ですか？

I have three things I keep in mind about the criteria for finding jobs. They are a satisfying salary, a geographical advantage, and the atmosphere of the office. A geographical advantage refers to the fact that the office is within easy access of some major stations. The atmosphere of the office simply means that people working there look happy and work diligently.

仕事を見つける基準について3つのことを考えています。つまり、満足できる給料、地の利、会社の雰囲気の3つです。地の利は、会社がいくつかの主要駅からのアクセスが簡単ということを指し、会社の雰囲気は、そこで働く人たちが楽しそうで勤勉に働いていることを意味します。

ポイント 条件、理由などを挙げよという質問に対しては、簡単に3つ挙げてみよう。

90 What kind of work can you do at our company?
当社でどんな仕事ができますか？

Since I applied for the accounting position, I want to do accounting. However, I can do any kind of job at your company. If your company wants me to do other jobs besides accounting, I will do them willingly.

経理職で応募しましたので、経理を希望しますが、御社ではどんな仕事もできます。経理以外の仕事をしてほしいということであれば、喜んでいたします。

ポイント 「なんでもできる」という自信を示すほうがよい。
＊「経理以外の仕事をしてほしい」は「経理のほかに仕事をしてほしい」ということだろうと思われるので、except（以外）ではなくbesides（ほかに）を用いるのがよい。jobs except accounting とすると「経理を除く仕事」となり「経理」を始めから与えない感じがして、文脈にぴったりではない。

91. What would you like to do and challenge at our company?
当社でやりたいことは何ですか？

Doing my best when working at your company is the most important thing of all, but after work, I also want to learn more about computer programs and brush up on English further. IT knowledge and English ability are both necessary for the job. That is why I want to engage in studying both of them.

御社で働く間は最善を尽くすということは最も重要ですが、仕事の後、私はコンピュータプログラムについてもっと学び、英語に磨きをかけたいと思っています。IT 知識と英語力はともに仕事に必要です。だからこの両方の勉強をしたいと思っています。

ポイント　資格を取りたいとかも OK であるが、それに時間をかけるようなことを言わないほうがよい。after work を添えておく必要はそこにある。

92. Do you think you'll stay in this company until you retire?
定年までこの会社にいますか？

Yes, I will stay in your company until I retire. I will not resign unless I am dismissed. I will try my best so as not to be fired. However, I don't want to be an apple-polisher or boot-licker. I will state my opinion at any meeting if I am given a chance to say it officially.

はい、定年まで御社におります。解雇されない限り、自分からは辞めません。首にならないように努力します。しかし、私はゴマすりにはなりたくありません。公式に機会が与えられれば、どんな会議であっても意見を言います。

ポイント　3 年後ぐらいに独立したいと考えていても、それを言った途端、面接は受からないだろう。定年までいたいという情熱のほうを買うからである。

第2部 実戦編

語句：「ゴマすり」は apple-polisher（りんごを磨く人）、boot-licker（靴を舐める人）toad-eater（ヒキガエルを食べる人）がある。flatterer、toady、sycophant にも同様の意味がある。

93 Would it be all right if you were hired under a different position?
ほかの職種での採用でもよいでしょうか？

> It would be all right if I were hired under a different position. Generally speaking, we never know what will happen in the future, and there is no telling what will happen. For some unavoidable reasons, your company may suddenly want a person for a different position. I can understand the situation. In that case, I am ready for the position. I will put the same amount of energy into my job whether or not it is the position I am applying for.
>
> 異なる職種で雇われたとしても、問題ありません。一般的に言って、将来何が起こるかわからないし、何が起こるかは言えません。避けられない理由で急に異なる職種に1人必要になる場合もあるでしょう。状況は理解できます。そのような場合、その職を喜んでお引き受けします。それが応募している職であるなしにかかわらず、同じエネルギーをその仕事に費やします。

ポイント　やる気があることを示すためには、OK とするのが常識である。

94 How are you going to make a contribution to us with the experience and skills that you gained in your previous jobs?
これまでの経験やスキルをどうやって生かしますか？

> I can make a great contribution to you to a satisfactory degree. I can contribute very much because your staff is doing a very good job and simultaneously, your business is picking up. I learned this fact by reading your company pamphlet. In my previous office, unfortunately, the morale of some of the

staff utterly went down because of a sharp drop in annual sales. I could not fully use my leadership experience and skills at my previous workplace, but at your company I can do this, considering your good showing in recent years. I will use the experience and skills I gained in my previous jobs by giving top priority to cooperation and will make every endeavor to succeed in business transactions by having as many discussions with my boss and staff as possible. I am looking forward to working at your company.

満足できるレベルで大いに貢献できます。大きな貢献が可能なのは、御社の社員が素晴らしい仕事をされていて、そして同時にビジネスも好調だからです。この事実は御社のパンフレットで拝見しました。前の会社では、残念なことに、年間売り上げの激減のために、社員の中に士気の低下が起こりました。私は前の職場では、リーダーシップの経験と技能を十分に発揮できませんでした。しかし、御社では、近年の実績を考慮すると、これが可能です。私は協調ということを最優先し、以前の仕事で得た経験と技能を使い、上司やスタッフとできるだけ多く議論をもちながら、商取引を成功させるためにできる限りの努力をします。御社で働くことを楽しみにしています。

ポイント 志望している会社のよい面を前面に出した回答は、好印象。

外資ならではの質問　　レベル3

95. Why do you think we need to employ you?
なぜ私にあなたを雇う必要があると思いますか？

I think there are three reasons you should consider employing me. One is the emphasis I put on cooperation. I try to work efficiently with a focus on teamwork. I learned the importance of teamwork and cooperation when I was president of a school club at my university. The second reason is concentration. I'm able to devote myself fully to the task at hand in order to consider all possible strategies for any given situation. This ability resulted from my hobby of playing Japanese chess called "Shogi". The last one is creativity. I'm confident in my ability to create something new when I'm asked to submit a plan. This is due to my personal desire to continue to grow as a person by constantly seeking new challenges. I consider these virtues the "3 C's": cooperation, concentration and creativity.

私を雇う理由は3つあると思います。1つ目に、私は協調性を重視します。私はグループで仕事をするとき常に効率を考えて仕事をします。大学であるサークルの代表をしてチームワークと協力し合うことが大切だと学びました。2つ目は集中力です。与えられた仕事に対しては、いかなる状況にも対応できる戦略を考え、集中して取り組めます。趣味の将棋で得た力です。最後は独創性です。何か企画を頼まれると独創的なものを生み出す自信があります。常に新しいものを追求し成長したいという、私の人生そのものが独創性を育てました。その理由はまとめると3Cであると考えています。つまり協調性、集中力そして独創性です。

基本的にはOKの姿勢を示すべき。

96. Where do you see yourself in five years?
5年後の自分はどうありたいと思っていますか？

I will have another five qualifications in five years, I think. I make it a rule to obtain a qualification a year, even if it is somewhat obscure; therefore, I will have five more qualifications than now. At present, I have a total of thirteen qualifications and I am now aiming to take the first grade of the Kanji Kentei. This may seem a bit much, but I'm always looking for a new challenge. In this respect, I expect to be as ambitious in five years as I am now, too.

5年後の自分は、さらに5つの資格をもっていると思います。どんな些細な資格でもいいから1年に1つ資格を取ることを考えているので、5年後は今より5つ資格が増えていることになります。私はこれまで13の資格をもっていて、今は漢字検定1級に挑戦中です。大げさな言い方かもしれませんが、常に挑戦する自分でいたいからです。この点で、5年後も現在と変わらず、大志を抱く自分でありたいです。

模擬面接1 一問一答例 第5章

97. Do you like to work as part of a team or work individually?
チームで働くほうが好きですか、それとも1人のほうが好きですか？

As a student I was interested in science, majoring in math as well as becoming proficient in computer science. These skills are usually considered more suited to people who prefer to work alone. But the reverse is the case for me. Of course, I'm fine with working a whole day with little or no contact with others; however, I like to work in a team. I find it stimulating to be able to interact with others. In short, I like to work with people but I can work both alone and in a group.

私は理系に関心があったので数学を専攻し、また、コンピュータにも詳しいので、通常1人の仕事が向いていると言われます。でも、私の場合、実際は逆です。確かに1日中ほとんど誰とも話さず、仕事がこなせるでしょう。でも、実際は、グループで働くことが大好きです。というのは、人との交流の中に刺激があるからです。つまり、チームワークで仕事をすることが好きですが、1人であっても、チームの中でもあっても、仕事はしっかりこなせます。

98. What gives you the greatest satisfaction at work?
どのようなときにやりがいを感じますか？

I was hoping you'd ask me that question. Honestly, it is when I get complaints from my customers. You may feel I'm a bit strange, but when I'm in trouble, I'm actually quite thankful for such a golden opportunity. It is only through difficult situations that I can grow spiritually. Of course, I'm ecstatic when my customers are satisfied, but I also feel a great sense of worth helping them when they are not satisfied. My main motivation to try harder comes from the way I feel knowing my customers walk away satisfied. This kind of pressure to satisfy is what keeps me going.

そのような質問を待っていました。正直にお答えしますと、お客様から苦情を言われ

たときです。私は少し変わっていて、困った状況になったときに、この絶好のチャンスにありがとうと感謝するようにしています。というのは、困難な状況を通して、私自身が精神的に成長できるからです。もちろん、お客様に満足されると非常にうれしいのですが、やりがいは満足されてない場合に感じます。お客様が満足して帰っていくのがわかったとき感激するので、頑張ろうという気持ちがわいてきます。このようにお客様を満足させなければならないというプレッシャーがあれば、私はやる気が出ます。

第3部
仕上げ編

第6章 表現の引き出しを増やす

1. 英語面接に使える基本表現

　面接時の質問などに応答する際に有益な2文字のキーワードを日本語で挙げ、それをベースに英語表現を紹介します。また、必要に応じ、「TIPS」で応用表現や注意すべき情報を示します。

面接

①私は就職の面接試験を受けた。
　I had an interview for a job.
②彼はその会社で面接を受けた。
　He interviewed at the company.
③彼女の就職の面接試験は10月3日です。
　Her job interview will be on October 3.

[語句] 面接試験 an interview; an oral examination;((口語)) orals　面接室 an interview room;（特に試験のための）an oral examination room　面接官 an interviewer　受験者 an interviewee

---

TIPS

give an interview to ...は「記者会見する」の意味になる

(1) The governor gave an interview to reporters.
　　（知事は記者会見した）
(2) The President gave an interview to Japanese reporters.
　　（大統領は日本の報道陣と記者会見した＝報道陣のインタビューに答えた）

会社

①私は大手の会社に就職した。
　I got a job with a big company.
②彼は貿易商社に**正規採用**された。（＝常勤で採用された）
　He got **regular employment** in a trading company.
③その会社は私の会社に**派遣社員**を１人送ってきた。
　The company sent **a temp** to our company.
　＊a temp は a temporary worker の略で「派遣社員」

語句　親会社 a parent company　cf. 子会社　a subsidiary company
　　　株式会社 a joint-stock company;（（米））a stock company
　　　有限会社 a corporation;（（英））a limited liability company (Co., Ltd.)
　　　合資会社 a limited partnership（合名会社　an ordinary partnership）
　　　会社員 an office worker; a company employee　＊salaryman は和製英語。
　　　会社更生法 the Company Resuscitation Law; the Stock Company Reorganization and Rehabilitation Act
　　　会社へ行く go to work;（デスクワークの場合）go to the office
　　　＊go to the company とは言わない。company は場所でなく抽象概念だから、work for a company（会社勤めである）というように抽象表現に用いられる。

TIPS

company の不可算名詞の用法に注意

「会社」だけでなく「仲間」「同伴」「来客」の意味があります。
(1) My daughter keeps good company.
　　(=My daughter is in the company of good people.)
　　（私の娘はよい仲間とつきあっている）
(2) I enjoyed her company.
　　（彼女と一緒で楽しかった）＜ company は「同伴」の意味＞
(3) She is poor company.
　　（彼女は一緒にいるとつまらない人だ）＜ company は「同伴」の意味＞
(4) I am expecting company for the weekend.
　　（週末に来客があります）

仕事

①彼は**仕事の鬼**でした。

He was **workaholic**.

＊「アルコール中毒」(alcoholic) をもじった言葉。ほかに「本の虫」(bookaholic) がある。

②私は新しい仕事を割り当てられた。

I was assigned a new job.（=I was given a new assignment.）

＊個々の仕事は可算名詞の job を用いる。一方、仕事全体は不可算名詞の work。

③ほぼ毎日残業せず仕事を終えることができた。

I was able to get my work done without working overtime almost every day.

④前の会社では、3年間一日中仕事に**追われ**ていた。

I had **been swamped with** work all day long for three years at my previous office.

⑤彼女は、とんでもない仕事を**引き受け**てしまった。

She has **undertaken** an awful job.（=She has taken on a monstrous task.）

⑥彼は、親友の親切な斡旋でやっと仕事にありついた。

He got a job at last with the kind help of his best friend.

⑦彼は、年収10万ドルを超える仕事を**手にした**。

((口語)) He **landed** a six-digit job.

＊ six-digit とは6桁で、a six-digit job とは6桁の数字である 100,000 に相当するドルを1年間で稼ぐ仕事ということになる。

⑧私は仕事を3日間休んだ。

I took three days off（from work）.

語句 仕事日 a workday　仕事量 a workload
　　仕事部屋 a workroom　多くの未処理の仕事 a backlog of work
　　＊ backlog は「(仕事・注文・原料などの) 未処理の山」のこと。

> ### TIPS
> **back を接頭辞にした高度単語を使ってみる**
>
> (1) My careful study on our rival company's policy **backfired**.
>   （競合会社の政策を注意深く研究したことが**裏目に出た**）
> (2) The manager just **backpedaled** his opinion at the meeting.
>   （部長は会議のとき自分の意見を**引っ込めてしまった**）

能力

①私は自分の能力を**最大限に生かせる**仕事につきたいと思っています。

I would like to find a job that **makes the best of** my ability.

＊ make the best of ... は「（不満足や不利な事態や条件を）できるだけ生かす」という意味。一方、make the most of ... は「（機会やスペースなど）できるだけ利用する」の意味。make the most of my ability を使うと、ability が満足なものであるニュアンスが出るが、偉そうに響く場合もあるので注意。

②その問題を解決する能力では、部長代理に**かなう人はいません**。

The acting manager **stands alone** in his ability to solve the problem.

③私の能力以上のものを求めないでください。

Don't ask anything beyond my abilities.

④**公平な**能力評価をするのは難しいことだと思います。

I think it difficult to perform **unbiased** capacity assessments.

⑤彼らは生産能力を向上させる必要があった。

They needed to develop their manufacturing capability.

⑥彼女の**問題処理能力**は優れている。

Her **competence in coping with a problem** is outstanding.

語句 能力給 performance pay（=performance-related pay）
　　能力を超えるもの a cut above 人
　　　It's a cut above me.（それは僕の能力を超えている）
　　生活能力がある　can make a living on one's own

He can't make a living on his own. （彼は生活能力がない）
＊「生活能力」は特別な才能を暗示しないので ability や capacity などではない。

TIPS

ability と capacity と capability の違い

(1) ability は「実際に物事ができる能力」 to do ...が続く。
　　Dolphins seem to have the ability to comprehend human speech.
　　（イルカは人間の言葉がわかる能力をもっているようだ）
(2) capacity は「潜在的な能力」 for ＋名詞または to do ...が続く。
　　He has the capacity for creative thinking.（彼には創造的思考能力がある）
(3) capability は「能力、素質」 of doing または to do ...が続く。
　　She has the capability of doing the job.（彼女はその仕事をする能力がある）

2. 情報と意見の提示方法

　情報や意見の提示の仕方を学びましょう。面接における質問はいろいろありますが、それらに対して答えるとき、同じ単語や構文ばかりを用いていると、英語力がないように思われます。いろいろな表現を学んでおくことは非常に重要です。ここでは、表現のバラエティにも焦点を当てています。しっかり学びましょう。

情報提示の基本表現

日本語	英語
本で読んだのですが…	I read a certain book and learned … According to a book I read, … In a certain book, I learned …

表現の引き出しを増やす 第6章

ネットで調べたのですが…	I have just learned on the Internet … According to the Website I visited, I learned …
よく指摘されることですが…	As is often pointed out, … As many people point out, …
よく言われることですが…	As is generally said, … Generally speaking, … cf. Roughly speaking（大雑把に言って） 　　Exactly speaking（正確に言って） 　　Frankly speaking（正直に言って） 　　Linguistically speaking（言語学的に言って）
言うまでもなく…	Needless to say, … As a matter of course, …
…は言うまでもなく〜	To say nothing of …, 〜 Not to mention …, 〜 cf. He can't even walk yet, let alone run. （彼は走るのは言うまでもなく歩くのすら無理だ）
…は言うまでもありません。	It is needless to say that … It is a matter of course that … It goes without saying that … It need scarcely be said that … It need hardly be said that …

情報提示の応用表現

日本語	英語
非常に重要だと思ったことですが…	What I think is very important is … Something I think is very important is … One thing I think is of great importance is …
こんな話はご存知でしょうか？	Do you happen to know this story? I don't know you have heard this story or not but let me talk about it.

141

それに関して私が言えることは…	What I can say in this connection is … In this connection I can safely say …
私が知る限り、…	As far as I know, … To the best of my knowledge, …
私の記憶によれば、…	As far as I can recollect, … To the best of my memory, … As my memory runs, … As my memory serves me right, …
私の記憶が正しければ、…	If my memory is correct, … If I remember correctly, … If my memory serves me right, … If my memory doesn't fail me, …
その情報は正しくありません。	I am afraid that information is wrong. The information you have just told me is not true.
話はそれだけではありません。	This is not the end of the story. Let me tell you another story about this.
要するに、…	① In short, … / ② In a word, … ＊①と同形で同意に in fine と in sum がある。 The long and short of it is … ＊同じパターンに The upshot is …がある。 To make a long story short, … ＊ To make short of a long story, …とも言える。 All things considered, … When all is said and done, …
結局、…	After all, … / In the end, … In conclusion, …（結論として）

意見提示の基本表現

日本語	英語
それについての私の意見は…	My opinion about it is … What I have in mind about it is …
それについての私の個人的見解は…	My personal view about it is … What I personally think about it is …
ますます…という見解をもつようになりました。	I came more and more to the view that … I gradually came to hold a view that …
私の率直な意見を述べます。	Let me speak out about my opinion. Let me express my candid opinion.
その点ではあなたと同じ意見です。	I am with you on that point. I am of your way of thinking on that aspect.
意見は人によってまちまちです。	Opinions may differ from person to person. Different people have different opinions.
その問題では意見がまちまちです。	Opinion is divided on that question. People are divided in opinion on that issue.
それについては意見の衝突がない。	There is no conflicting opinion about it. There are no two opinions as to the matter.
意見は違うものと認識しましょう。	We should agree to disagree. Let us agree to differ.
私には、意見を述べる資格がないかもしれません。	I may not be in a position to say my opinion. I may not be competent to pass an opinion.
私には彼のような考え方はできませんでした。	I could not understand his way of thinking. I could not see things through his spectacles.
彼女は、年は若いが考え方はしっかりしていました。	She was young, but her way of thinking was well matured. She was young in years but old in thinking. She had an old head on young shoulders. * have a good head on one's shoulders は、「思慮深い、頭がよい、有能だ」の意味。

意見提示の応用表現

日本語	英語
これは非常に難しい問題です。	This is a very difficult problem. This is a knotty/thorny/baffling problem. This is really a hard nut to crack.
この問題は、解決方法が見つかりません。	I cannot find a solution to this problem. No solution presents itself to this problem.
この言葉の定義をしておきましょう。	Let me give a definition of the word. Let me define the meaning of the word. I'll frame/formulate a definition of the word.
この定義は正確ではありません。	This definition is not accurate. This is not an exact definition.
具体的に例を挙げて説明します。	I will explain it by giving examples. Let me illustrate it.
そんな例はこれまでにありません。	There is no precedent for it. There has been no such precedent.
成功例を１つ挙げましょう。	Let me explain a successful case to you. I will mention a successful case.
その証拠は彼女に不利でしょう。	The evidence is against her. The evidence is not in her favor.
彼の主張には論拠がありません。	His assertion is groundless. He has no good grounds for saying so.
彼女の論拠は非常に貧弱でした。	Her argument didn't hold good. Her argument was full of holes. Her argument was beside the point. She argued on very tenuous grounds.
これまで述べた証拠から、私の考えが正しいとわかるでしょう。	According to the evidence I mentioned so far, you will find my idea is right. The evidence I pointed out proves that my way of thinking is logical.

3. 品詞別重要英語表現

　英語面接での使用言語は英語なので、英語表現をしっかりと身につけているかどうかで、合否の結果が決定するといっても過言ではありません。本章では、面接に頻出する英語表現を厳選します。しっかり確認しておきましょう。

重要動詞

(1)「雇う」や「解雇する」に関する表現

　人を雇う場合は employ、hire などの語を使います。雇われる場合はこれらの語を受身形にして使えばいいわけです。また、雇われる場合は find employment、get a job のような言い方もできます。employment は無冠詞単数、job は可算名詞で不定冠詞がつきます。

　解雇するときは fire、lay off、dismiss などがあります。「首にされる」に get the ax、get the boot、get the sack、逆に「首にする」は give を用いて、give the ax、give the boot、give the sack という面白い言い方があります。また、boot には、動詞用法で「首にする」という意味があります。

　　Mr. Smith was employed last week by a printing company.
　　（スミスさんは先週印刷会社に雇われました）
　　They **gave** me **the sack** after I argued with the manager.
　　（部長と口論したら**首にされました**）
　　She **was booted out of** her company for her misappropriation of its money.
　　（彼女は会社のお金を横領したことで会社を**首になりました**）

> **TIPS**
>
> **boot という単語の意外な用法**
>
> (1) I had to fill his boots.
>   （私は彼の後任をきちんと務めなければなりませんでした）
> (2) The boot was on the other foot. (((英口)) 形勢が逆転しました)
>   ＊ The shoe was on the other foot. といえば米口語表現になる。
> (3) She is tough as old boots. (((英)) 彼女は堂々としていて精神的に強い)
>   ＊「他人の批判や自分の感情に容易に動かされない」ということ。

（２）「働く」に関する表現

「働く」は work が中心で、labor や toil も使えます。「…に勤務する」は serve at...、be in the service of... や be in the employ of... などが用いられます。「こつこつと働く」は work hard、be hard at work、toil and moil などが使えます。

「一心に働く」は put one's heart and soul into one's work（heart and soul は名詞的）や go heart and soul into any work one undertakes（heart and soul は副詞的）などが使えます。「身を粉にして働く」という意味になるイディオムは、work one's fingers to the bone（直訳：自分の指を骨のところまで［＝徹底的に］働かせる）または keep one's nose to the grindstone（直訳：自分の鼻を砥石 grindstone にくっつけておく（ほど熱心））が使えます。

I was **in the employ of** a great entrepreneur.
（私は偉大な事業家に**雇われて**いました）

I **toiled and moiled** in order to achieve my original goal.
（私は当初の目標を達成するために**一生懸命働きました**）

I went **heart and soul** into any work I undertook.
（私はどんな仕事でも**一心に**働きました）

I used to **keep my nose to the grindstone** in my previous office.
（以前の会社では**身を粉にして働いた**ものです）

TIPS

「…しに行く」の英語

「…に行く」は go doing や「go ＋前置詞＋不定冠詞＋名詞」の形が使えます。
① go doing の型：go shopping（ショッピングに行く）、go fishing（釣りに行く）、go golfing（ゴルフに行く）、go mushrooming（きのこ狩りに行く）、go berrying（イチゴ狩りに行く）go firewood-gathering（柴刈りに行く）
② go ＋前置詞＋不定冠詞＋名詞の型：go on a picnic（ピクニックに行く）、go on a hike（ハイキングに行く）、go for a walk（散歩に行く）、go for a drive（ドライブに行く）

ところが「仕事に行く」は go to work、「勉強に行く」は go to school または go to … to study であって、go working とか go on a study とかは言いません。上記の２つの型は、主として娯楽に用いられます。「仕事」や「勉強」は娯楽ではないので、①と②の型がないわけです。

なお、「会社に出勤する」は go to one's office がふつうで go to one's company とは言いません。company はあくまでも「会社」という抽象概念です。だから、「会社勤めです」のときは I work for a company. といえます。さらに、work for は、具体的に I work for a trading company.（商社に勤めています）とか I work for Crystal Engineering.（クリスタル・エンジニアリング社に勤めています）という形で用いられます。

（３）「成功する」や「失敗する」に関する表現

「成功する」にはいろいろな言い方があります。人が主語の場合、succeed in…、be successful in…、win success in…、achieve success in… が用いられます。また、succeed の派生形を用いず、make を使った make good や make a go of… などがあります。「成功が間違いない」という意味に口語イディオムの **in the bag**（手中にある）を利用できます。

事を主語とする場合、succeed、be successful、prove successful、また、「大成功する」の場合は、be a great success を用いることができます。

There 構文で、fair chance of success（成功の見込みが十分）と slim chance of success（成功がおぼつかない）の２つを続けることができます。

「ビジネス上の成功」は「出世」を意味する場合があります。「出世する」の

英語も多いです。succeed in the world、rise in the world、make a success in the world、make a success in life、get ahead、get on in life、さらに prosper（繁栄する）をうまく用いると「出世する」の意味になります。

The **section chief** achieved success in his presentation.
（**課長**はプレゼンに成功した）
We **cannot make a go of** a farm these days.
（((口語))このごろは農家も**うまくいかない**んです）
He's got the singles title **in the bag**.
（((口語))彼のシングルス優勝は**間違いない**）
The plan proved successful to a large extent.
（その計画はかなりの部分成功した）
There was a slim chance of my success.
（私の成功**のチャンスはほとんどなかった**）

TIPS

bag の意外な用法

(1) We have bags of time.（((口語))時間は十分あります）
(2) Golf isn't my bag.（((俗語))ゴルフは得意ではないよ）
　　Golf isn't my cup of tea.（((口語))ゴルフは私の好みではないよ）
　　Golf is a piece of cake.（((口語))ゴルフは朝飯前［＝簡単］だよ）
(3) The staff are a bit of a mixed bag this year.（今年の職員は若干、玉石混淆だ）
(4) He was thrown out bag and baggage.（彼は身ぐるみ一切をまとめて追放された）
(5) I was left holding the bag（((米口語))私は一切の責任を負わされた）

一方、「失敗する」の英語は、「成功する」の場合よりも断然多く存在します。人間は失敗することが多いからでしょうか。例えば、人が主語の場合、fail in …、be unsuccessful in …、be foiled in …、be baffled in …、be frustrated in …、make a mistake、commit a blunder、((口語)) draw a blank、sink in the world などがあります。事が主語の場合、fail、miscarry、fall through、fall to the ground、be dashed to the ground、prove a failure、prove abortive、turn out a failure、end in a failure、result in failure、meet with failure、go amiss、come to naught、come to a sorry end、((口語)) flop などがあります。

　All my plans miscarried.
（私の計画はすべて失敗に終わりました）
I learned **a dear lesson** by my failure.
（失敗が**よい薬**になりました）
I learned much by my failure.
（失敗して目が覚めました）
I thought the plan was doomed to failure.
（私はその計画は失敗するに決まっていると思いました）
Every failure is a stepping stone to success.
＝((諺)) Failure teaches success.（失敗は成功のもと）
He was a success as a businessperson but a failure as a father.
（彼は実業家としては成功したが、父親としては失敗した）

＜fail を用いた意外だが重要な用法＞

Her hearing has failed.（彼女は耳が遠くなった）
The professor failed 10 students.（教授は 10 人の学生を落とした）
His courage failed him.（［いよいよというときに］彼は勇気が出なかった）
Words failed me.（私は**言葉に詰まった**）
They failed of their object.（彼らは目的を果たせなかった）
My argument **failed of logical connection**.（私の議論には**論理的関連性が**なかった）
The bank failed last year.（その銀行は昨年倒産した）
注意 銀行は go bankrupt や go into bankruptcy を使って「倒産する」を表現しない。

第3部 仕上げ編

> ### TIPS
> **success または failure につく形容詞**
>
> success や failure につく形容詞をたくさん学びましょう。
> (1) 大成功→ a great success、a vast success、a signal success、a significant coup、a gigantic achievement、(赫々たる) a glittering success
> (2) 相当な成功→ a fair measure of success
> (3) 大失敗→ a complete failure、a glaring failure (=fiasco)

(4)「努力する」に関する表現

「努力する」は、単語では strive、endeavor、((口語)) plug などがあり、熟語では do one's best、make efforts、put forth efforts、make an endeavor、exert oneself、apply oneself、((堅)) bestir oneself、use every exertion、put out one's strength などがあります。

「たゆまず努力する」は make a strenuous effort や persevere in one's efforts などが使えます。「できる限り努力する」は make utmost efforts、make every possible effort、make a supreme effort、exert all possible efforts、exert oneself to the utmost、take the utmost pains、put forth every ounce of one's energy などが使えます。「必死に努力する」は make desperate efforts や strain every nerve などがぴったりです。次に、上記以外の努力の表現も含めて、いろいろな英文を示しましょう。

I **exerted myself to the utmost** when the task was assigned to me.
(その仕事が私に割り当てられたとき、**できる限りの努力をしました**)

＊「人 is assigned to 場所」の形にも慣れること。

I was assigned to an overseas office.
(私は海外支店に配属された)

A great deal of effort went into the project.
(その企画には多大な努力が注がれた)

I **concentrated hard on** my studies when I was a junior.
(私は大学3年生のとき勉学に**努力を傾注しました**)

My efforts were rewarded because I passed the exam.
(その試験に通ったので、私の努力が報われました)
My efforts **bore fruit**.
(私の努力が**報われました**)
My ten long years of exertion were **crowned with success**.
(10年にわたる努力が**報われて成功を収める**ことができました)

> **TIPS**
>
> **effort の派生的意味とその用法**
>
> effort は「努力」をその中心的意味としますが、努力をしなければならなかったこと、すなわち「苦労」という意味と、努力をしなければならなかったもの、すなわち「労作」の意味をもっています。
> (1) Computers took all the effort out of many jobs.
>   (コンピュータのおかげで多くの仕事が楽になった)
> (2) This presentation was a good effort for someone with little experience.
>   (このプレゼンは経験の浅い人にとってはなかなかの出来であった)

(5)「貢献する」に関する表現

「…に貢献する」は contribute to …または contribute toward …、make a contribution to …、conduce to …、go a long way to …または go a long way toward …、do much for …、render services to …（cf. render services in …は「…の世界で貢献する」）などがあります。

I would like to **contribute a great deal to** the development of your company.
(私は貴社の発展に**大いに貢献**したいと思っております)
I will **contribute my humble efforts to** the promotion of national prosperity.
(私は国家の繁栄促進**のために微力ながら貢献したい**と思います)
This way of thinking will **go a long way to** solving educational problems.
(このような考え方は教育問題を解決**するのに役立つ**)

She rendered great services in the financial world of Japan.
（彼女は日本の財界に非常に貢献するところがあった）

重要形容詞

（１）「勤勉な」に関する表現

　「勤勉な」には、diligent、industrious、hardworking、assiduous、ardent、studious などの表現があります。「彼女は業務に勤勉だ」は She is studious of her business といえます。また work を使って「彼は勤勉に働く」を He works hard. で表現できますが、イディオムでは He works like a bee. と表現できます。逆に「怠け者の」は lazy といいます。「彼女は怠けて仕事をしない」は She is a lazy worker. で表現できます。「彼らはいやいや仕事をしている」は They are working reluctantly. です。また副詞は grudgingly を使ってもいいです。「怠け者」は a lazy fellow や a slothful guy などと表現できますが、a lazy dog や a lazy worm など、人間以外の名詞を使っても表現可能です。さらに１語（冠詞を除く）で、an idler、a lazybones（s がつく点に注意！）、a sluggard、a dawdler、a dolittle（do little［ほとんど何もしない］）なども使えます。「怠け者」の表現が豊富なのも、人間には怠け者が多いということでしょうか？

　　He is **diligent** in his work.（彼は**勤勉に**仕事をします＝仕事熱心です）
　　She is **assiduous** in gardening.（彼女はガーデニングに**熱心だ**）
　　I am **a lazy correspondent**.（私は**筆不精**です）
　　Don't **idle away** your time.（時間を**無駄にして**はいけません）

＜「熱心」を表す形容詞と前置詞＞

① on を用いる形容詞：be bent on …、be intent on …、be keen on …、be mad on …、((口語)) be great on …
② in を用いる形容詞：be diligent in …、be eager in …、be enthusiastic in …、be zealous in …、（没頭のニュアンス）be absorbed in …、be lost in …、be immersed in …、be engrossed in …、be steeped in …、immerse oneself in …、

steep oneself in …、bury oneself in …、be up to the eyes/neck/elbows in …
③ to を用いる形容詞：be devoted to …、devote oneself to …、give oneself up (entirely) to …、apply oneself (closely) to …

> **idle と lazy の違い**
>
> idle は「(することがないので) 何もしていない」、lazy は「(することがあっても) 何もしていない」というニュアンスです。だから、lazy は悪い意味に使われますが、idle は必ずしも悪い意味には使われません。
> 　The machine is idle now. (機械は今遊んでいます)
> 　He has his hands idle. (彼は今手が空いています)

(2)「重要な」の表現

「重要な」を表す単語は、important、essential、weighty、momentous などがあります。また2語以上では of importance、of moment、of consequence のような「of＋抽象名詞」の形が有名です。「重要な事柄」は、an important matter、a matter of importance、a matter of significance で表せ、「極めて重要な事柄」は、a matter of great account、a matter of infinite importance、「一番重要な事柄」は、a matter of the greatest importance、a matter of the first importance、a matter of the last importance、a matter of the paramount importance などで表現可能です。そのほかにもいろいろな表現あります。例で示しましょう。

　It **signifies much**. (それは**大変重要**です)
　It signifies little. (それはさほど重要ではありません)
　Time is the first consideration with me. (私にとって時間が最重要です)
　This is the point that **weighs with** me. (これは私**にとって重要**な点です)
　More important, we must do it at once. (さらに重要なのは早くすることだ)
　Most importantly, I must report it. (最も重要なことに、私には報告義務がある)

> **TIPS**
>
> **important の語法**
>
> 仮主語構文で後ろに to 不定詞と that 節がくる可能性があります。
>   It is important for you to be punctual.（時間厳守は重要なことだ）
>   =It is important that you (should) be punctual.
>   that 以下がアメリカ語法では you be punctual、イギリス語法では you should be punctual となります。

（3）「有益な」の表現

「有益な」の英語は、「有用な」を強調した useful、serviceable、「有利な」を強調した profitable、lucrative、「教育的な」を強調した instructive、edifying、「ためになる」を強調した beneficial、salutary、「健全な」を強調した wholesome などがあります。

　It is very useful for you to know the rules.
　（その規則を知っているととても便利ですよ）

> **TIPS**
>
> **useful の後の前置詞**
>
> 「for ＋事」「to ＋人」であることを押さえておきましょう。
>   (1) The book is useful for learning math.（その本は数学を学ぶのに役立つ）
>   (2) The dictionary is very useful to me.（その辞書は私には大変役に立つ）

（4）「有能な」の表現

「有能な」は able、capable、competent、talented が使えます。また、米俗語では can-do が限定用法で用いられます。例えば、a can-do manager（有能な部長）の形で使えます。男性の場合は、a man of ability、a man of talent、a man of (good) parts などが用いられます。able の比較級は、more able、most able、または better able、best able が用いられます。better や best を用いるほうが多いです。abler、ablest は用いられません。

He was an **able** insurance canvasser.
（彼は**有能な**保険外交員だった）
She is **better able** to run the committee than I am.
（彼女は私よりも委員会の運営が**上手にできる**）

TIPS

「銃の口径」を意味する caliber を用いた表現

caliber には「器量、才幹、値打ち」の意味が派生しています。
(1) He is a man **of high caliber**.（彼は**才幹の優れた**人物です）
　　cf. He is a man of poor caliber.（彼は才幹の乏しい人物です）
(2) She is not a person of presidential caliber.
　　（彼女は大統領になる器ではありません）

（5）「素晴らしい」の表現

英語には「素晴らしい」を表す単語が豊富です。以下に単語を挙げておきましょう。

wonderful、splendid、excellent、glorious、grand、((英)) capital、superb
((以下は口語)) great、swell、royal、scrumptious、spanking、stunning、rattling
((以下は俗語)) bang-up、smashing、cracking、corking、((英俗)) ripping

また、phenomenon（現象）の形容詞形である phenomenal にも「素晴らしい、驚異的な」の意味があります。top から派生した topping や tiptop にも「素晴らしい、卓越した」の意味があります。

Last year's rice crop was **phenomenal**.（昨年の米作は**素晴らしい出来**だった）
That was a **tiptop** lecture.（それは**素晴らしい講義**でした）
We had **a rattling good time** of it.（我々は**素晴らしく愉快な時**を過ごした）

I was in roaring spirits.（私は素晴らしく元気だった）
＊同意の文は、I was in the highest of spirits.

重要名詞

（1）「仕事」の表現

「仕事」を意味する英語は、work と job が代表的ですが、work は不可算名詞で、不定冠詞はつきません。job は通常可算名詞で、不定冠詞がつきます。work は全体的な仕事で、job は個々の仕事と考えるとよいでしょう。例えば、ビルを建てるなど建築の仕事（construction work）の中に、左官（plasterer）や電気技師（electrician）や水道屋（plumber）やガラス屋（glazier）などの仕事（job）があります。なお、work を数えると「作品」の意味をもちます。

ほかに「商売」の意味を強調する business、「職種」の意味を強調する an occupation、「天職」の意味を強調する a vocation、「任務」の意味を強調する one's duties、「割り当てられた仕事」を意味する a task、「ざっとやる一仕事」を意味する口語の a lick、「飯の種」ぐらいの意味でマイナスイメージももっている俗語の racket などがあります。

The picture is a work by a genius who **died young**.
（その絵は、夭折した天才による作品だ）
The personnel manager of the securities company **didn't do a lick of work**.
（その証券会社の人事部長は**仕事を全然しなかった**）
She is **in the legal racket**.
（彼女は**弁護士をしている**）
It isn't my racket.（私の知ったことじゃない）
＊It's none of your business. は「君には関係ないよ」の意味。

TIPS

job の意外な意味と用法

(1) You'll have quite a job getting there. ＜ job は「一苦労」の意味＞
   （そこにたどり着くのに一苦労するよ）
(2) This car is a smart little job. ＜ job は「完成品」の意味＞
   （この車はよくできているね）
(3) He did a job on me. ＜ a job は「ひどいこと」の意味＞
   （((口語)) 彼は私にひどいことをした）
(4) They have been doing the job. ＜ the job は「目的の仕事」の意味＞
   （((口語)) 彼らは仕事がうまくいっている）

（2）「人格」の表現

「人格」「性格」「気質」などを表す単語には personality、character、temperament、disposition などがあります。また、これらの単語を使わなくても「心の温かい人」なら warm-hearted（反 cold-hearted）とか「心の広い」なら broad-minded（反 narrow-minded）などの言い方があります。

He was a branch manager of rare nobility of character.
（彼はまれに見る人格の支店長でした）
Sport is essential to the development of character.
（スポーツは人格の発達に不可欠です）
She avoided calling her boss only on the ground of **incompatibility of temper**.
（彼女は**気質が合わない**という理由だけで上司に電話することを避けた）
I couldn't bear his bad temperament for a minute.
（彼の短気な性格は少しも我慢できませんでした）
Josh **has a vivid character**. Everybody likes him.
（ジョシュは**快活な性格**でみんな彼が好きだ）

（3）「価値観、観点、意見」などの表現

それぞれ value、view、opinion です。view は viewpoint や point of view とも言えます。「意見を述べる」「観点を言う」は give や state を使えばいいです。

I usually cherish traditional values.
（私は通常伝統的価値観を大切にしています）
Different generations have different **sets of values**.
（世代が異なれば**価値観**も異なるものです）
Tim stated his view on the matter.
（ティムはその件で、自分の見解を語りました）
Everybody on the staff gave his or her own opinion **in turn**.
（スタッフ全員が**交代で**、自分の意見を言いました）

TIPS

value の役に立つ語法

(1) This is a jewel with a cash value of $50,000.
　　（現金にして 5 万ドル相当の宝石だ）
(2) Milk has a high nutritional value.
　　（ミルクは栄養価が高い）
(3) This book was of great value to me.
　　（この本は私にとってすごく価値がありました）
(4) I keep the old clock for its sentimental value.
　　（その古時計には思い出［= 感傷的な価値］があるので捨てていません）

（4）「印象」を表現する方法

「印象」を意味する単語は、impression です。同義語が多い英語で、1 語だけとは珍しいです。このような場合は、使い方が重要です。好印象を与えるのは面接試験では最重要なことですが、「好印象を与える」は① have/make/create/leave/exercise a favorable impression on a person（または on a person's mind）、② give

人 a favorable impression、③ impress/strike 人 favorably … の3つのパターンがあります。「…という印象を受ける」は get/gain/receive an impression that …、「…という印象を受けている」は be under the impression that …です。

My teacher's last words have **left a strong impression on my mind**.
（私の恩師の最後の言葉が**強烈に印象に残っています**）
I am under the impression that everything is going perfectly.
（何もかもうまくいっているという印象をもっています）

＜「印象」を用いたその他の言い方＞

①彼女の印象はどうでしたか？
What was your impression of her?
How did she impress you?
What impression did she make on you?
②とても上品だという印象を受けました。
I got the impression that she was very elegant.
She impressed me as a very elegant person.
She impressed me as (being) very elegant.

（5）「ストレス」を用いた表現

「ストレス」も stress 1語で間に合います。「ストレスがたまる」と「ストレスを解消する」の2つの表現は必須です。

I am beginning to **feel the stress of** urban life.
（都会生活の**ストレスがたまってきました**）
People are likely to be irritable when **stress builds up**.
（**ストレスがたまる**と怒りっぽくなるものです）
I was told that it would be better to take a few days off to **get rid of** my stress.
（2、3日休みを取ってストレスを**解消した**ほうがよいと言われました）

4. レベル別英語表現

基礎レベル

（1）「利点」

This product has the advantage of being light and durable.
（この製品は軽くて丈夫だという利点があります）
The method has a lot of advantages over the others.
（その方法にはほかの方法に比べて多くの利点があります）

（2）「事実」

Experience shows that such is the case.
（それが事実だと経験でわかります）
There is a great deal of truth in what she talks about.
（彼女の話**には事実と信じていいことが多い**です）
His report is seriously out of accord with the actual facts.
（彼の報告は事実と著しくかけ離れています）
I would like you to state facts as they are.
（事実をありのままに述べていただきたいものです）

（3）「調査」

I made a study of ancient history.
（私は古代史の研究を行いました）
She carried out **some research into** the causes of brain damage.
（彼女は脳障害の原因**についての研究**を行った）
He has been involved in the research in this area for two decades.
（彼はその地域の調査に20年も関わっている）
The group took **an exit poll**, which showed only 20% voted for the incumbent.
（グループは**出口調査**を行ったが、たった2割が現職に投票したことがわかった）

TIPS

research と study の使い方の違い

「研究調査」という意味では research や study が用いられます。ただし、research は不可算名詞で、study は可算名詞でも用いられるのがふつうです。study は個々の研究（例→ A study on … ［…に関する一考察］）を指すことが多いです。research は a piece of research、two pieces of research というように piece を用いて数えます。

初級レベル

（1）reason を用いた注意すべき表現

She had **every reason to** be very upset.
（彼女が取り乱したの**も無理はない**）

There is a great deal of reason in his opinion.
（彼の意見にはもっともな点がたくさんあります）

It stands to reason that he felt a bit embarrassed.
（彼が若干決まり悪く感じていたのは**当然だ**）

I tried to reason out the logic of her argument but in vain.
（彼女の論点を見出そうとしましたが、うまくいきませんでした）

語句 reason out は「（論理的に考えて答えなどを）見出す」の意味。

（2）feeling を用いた注意すべき表現

What is your feeling toward the matter?
（その問題はどう思いますか）

The general feeling was in favor of the opinion.
（全体的には、その意見に賛成でした）

She has a deep feeling for the sufferings of others.
（彼女は他人の苦しみに対して大変思いやりがあります）

I believe he **has a feeling for** music.
（彼には音楽**の素質がある**と思います）

（3）case を用いた注意すべき表現

Is it the case that she suddenly changed his opinion?
（彼女が急に意見を変えた**というのは本当ですか**）
I can make out a good case for her.
（私は彼女を弁護できます［十分な言い分がある］）
They brought a case against him.
（彼らは彼に対し訴訟を起こした）
They dropped the case against him.
（彼らは彼に対する訴訟を取り下げた）

（4）fault を用いた注意すべき表現

It is he who is at fault, not you.（=It is not you but he that is at fault.）
（批判されるべきは彼で、あなたではないですよ）
I was generous **to a fault**.
（私の気前のよさは**度が過ぎ**ました）
語句 「形容詞＋ to a fault」で「度が過ぎるほど～だ」を表す。

（5）「散歩・散策」などを表す表現

I make it a rule to take a constitutional stroll.
（私は健康のために歩くことを常としている）
He used to lounge about in a narrow alley.
（彼は狭い路地をぶらぶら歩いたものだ）
I will **go for a ramble** through the woods this afternoon.
（私は今日の午後、森の中を**散策する**つもりです）
I have just dropped in while taking a walk.
（散歩がてらにお寄りしました）

（6）「役割」を表す表現

The doctor **only went so far as to** play a passive role in that.
（医者はそれについて消極的な役割を**するにとどまった**）
These ladies have important roles to play so their participation is a must.
（これらのご夫人には重要な役割がありますので参加は不可欠です）

（7）「数」を用いた表現

This is only an instance among the many.
（これは数ある中でほんの一例にすぎません）
The number of the attendees was close upon 1,000.
（出席者の数は 1000 人近くいました）
In this list, minors **do not count** at all.
（この表では、未成年者は**数にまったく入っていません**）
The unemployed are increasing in number owing to the business recession.
= The number of people out of work is growing due to business depression.
= Business depression swells the ranks of the unemployed.
（失業者の数が不景気のため増えています）

中級レベル

（1）「証拠」を用いた表現のいろいろ

Let me give some examples in evidence.
（証拠としていくつかの例を挙げます）
I think suspicion is always **indicative of** a weak mind.
（人を疑うのは心が弱い**証拠だ**と常に思います）
My stiff look is the proof that I am tense.
（私の顔がこわばっているのは、緊張している証拠です）

（２）「先例」に関する表現

Breaking with precedent, he attended the ceremony in ordinary clothes.
（彼は**これまでの例を破って**、その式典に平服で出席しました）

There seems to **be no precedent for** this kind of case.
（この種の事件**は先例がない**ようです）

I am afraid to say the managing director's policy was an unprecedented blunder.
（残念ながら、常務の政策はこれまで例のない失策だったと思います）

（３）「似合う」などを表す表現

Sarcasm does not become you.
（皮肉を言うなんてあなたには似合いませんよ）

Such language was not becoming to a gentleman.
=It was unbecoming for a gentleman to say such things.
（そんな言葉は紳士には似つかわしくありませんでした）

It ill befits you to complain of such a trifle.
（そんな小さなことで不平を言うなんてあなたらしくありません）

She is **alive with a vigor** which sits so strangely on her aged frame.
（彼女はその年老いた体に似合わぬほど**元気です**）

He is wise **beyond his years**.
（彼は**年に似合わず賢い**）

He looks wise for his age.
（彼は年の割には賢く見える）

注意 He looks wiser for his age. とは言わない（「for one's age ＋比較級」は不可）。

（4）「不備」の表現

She abused legal loopholes and became very wealthy.
（彼女は法の不備を悪用して金持ちになった）
He **seized on a flaw in** their argument.
=He jumped on a flaw in their argument.
（彼は彼らの論証**の不備な点を突いた**）
＊ seize on や jump on の代わりに attack を用いてもよい。
Please overlook our inadequacies.
=Please forgive any oversight on our part.
（不備な点はお許しください）
All the remaining inadequacies are my own.
（［論文などで］後のすべての不備な点はすべて私の責任です）
There are some defects in the present educational system.
=There are some imperfect points in the present educational system.
（現在の教育制度にはいくつかの不備な点があります）

（5）「中心」に関する表現

Your argument is **beside the mark**.
（あなたの議論は**中心からずれて**います）
Her boss is the focus of envy and suspicion.
（彼女の上司は猜疑の中心となっています）
The journalist centered his speech on the territorial dispute.
（そのジャーナリストは領土問題中心に講演を行いました）

（6）「程度」の表現

I think there is **a certain measure of truth** in her report.
=Her report is **in some measure true**.
=What she writes in her report is **correct up to a certain point**.
（彼女の報告書の中身は**ある程度正しい**でしょう）
Exercise must be taken short of fatigue.
（疲労しない程度に運動をすべきでしょう）

上級レベル

（1）「避ける」などを表す表現

He steered clear of a definitive commitment.
（彼は明言を避けました）
Her proposal is the only way around the difficulty.
（彼女の提案が、その困難を避ける唯一の方法です）
She has recently been **giving** him **a wide birth**. (=…keeping out of his way.)
（最近彼女は彼**を避けて**います）
I shied away from buying the violin when I learned the price.
（その値段を知って、そのバイオリンを買おうという気がなくなりました）

（2）「損」などを表す表現

One never loses by **doing** others **a good turn**.
（人**に親切にして**損はないです）
It is not a bad bargain to buy it for a ten thousand yen.
（それが1万円なら買って損はないですね）
I played **a thankless part** of it.
（私が**損な役回り**をしました［＝**嫌われ役**をしました］）
Sow loss and reap gain.
（損して得取れ）

There are cases in which defeat means victory.
（負けるが勝ちということもあるよ）

（3）「落ち着く」の表現

Her remark is quite unsettling.
（彼女にあんなことを言われて気持ちが落ち着かない）
Collecting myself a little bit, I reconsidered his theory.
（少し落ち着いて、彼の理論を考え直してみた）
I want to concentrate on studying **in a more settled frame of mind**.
（**もっと落ち着いた気分で**研究に集中したいと思っています）
At length he will quiet enough to speak.
（**やっと**、彼は落ち着いて、話し始めた）

5. 注意すべき表現

文法に関する注意事項

（1）順接の since 節に注意

　聞き手が知らない情報（＝新情報）を述べる場合は、一般に because 節が用いられます。これに対し、「〜だから」を表す since 節は、聞き手も知っている情報（＝旧情報）を導入する場合に用いられます。だから、強調構文に組み込むことはできません。相手が知らない情報は強調できますが、相手の知っている情報は強調する必要がないからです。

　○ It is because I want to know about foreign countries that I often travel abroad.
　　（私がよく旅行するのは、外国について知りたいからです）
　× It is since I want to know about foreign countries that I often travel abroad.

（2）because 節は奥深い

　順接の話をもう少し。because 節でも、ある出来事の原因を表す場合と、ある主張の理由を表す場合では、語法が違います。

　① He is drunk now because he drank a lot.
　＜ drank a lot は drunk の原因＞
　（彼はたくさん飲んだから、今酔っ払っている）
　② He is drunk now, because I saw him staggering a little while ago.
　＜ saw him staggering …は drunk の原因ではなく、そう主張する理由＞
　（彼は今酔っ払っているよ。なぜならちょっと前彼がよろめいているのを見たから）

たしかに、「よろめくのを見た」ことが原因で drunk にはなりませんね。②の理由節の場合、because 節を前置できないことも確認しておきましょう。

　× Because I saw him staggering a little while ago, he is drunk now.
　○ Because he drank a lot, he is drunk now.

英訳しにくい日本語

（1）「どちらかというと」を表現する

　　Her cooking is rather an art.
　　（彼女の料理はどちらかというと、芸術に近いものがある）
　　He is **a bit on the serious side**.
　　（彼は**どちらかというとまじめなほう**です）
　　I would as soon do it as not.
　　（私はどちらかというとすぐにそうしたいと思います）

（2）「するしかない」を表現する

　わかりやすいのは there's nothing else a person can do than do（あるいは but to do）です。have no choice but to do もよく使われます。微妙にニュアンスは違いますが can't help doing という言い回しもあります。例で確認しましょう。

Right now **there seems to be nothing else I can do than** climb the mountain.
（今のところ、山を登る**しか私にできることはなさそうだ**）
I'm sorry, but we have no choice but to retreat for now.
（残念ながら当面引き上げるしかありません）
I couldn't help submitting the report the next day.
（私は次の日にその報告書を提出せざるを得ませんでした）

（3）「今のところわからない」を表現する

　通常 can't know for the moment と言えばわかります。また can't tell も使えます。雑誌や新聞などの紙上でよく使われるのが remain to be seen です。直訳は「いまだ見られるべく残っている」といったところでしょう。

　I still can't tell whether Jiro will attend the meeting or not.
（まだ次郎が会議に参加するのかどうかわからないよ）
　It remains to be seen if they will press ahead with a nuclear experiment.
（彼らが核実験を強行する**かどうかはまだわからない**）

（4）「襟を正す」を表現する

　この言葉は「姿勢や態度を改める」ことです。true、faithful、sincere などの言葉を使います。また「襟を正して〜する」と言うときには truthfully、faithfully、sincerely と副詞化して使うとよいです。また sincere attitude や square manner も利用できます。

　I think it is important for us to be true to your friends.
（友達とは襟を正して付き合うことが重要だと思います）
　You **have to take a sincere attitude toward** politics.
（政治**には襟を正して**あたらなければならない）

（5）「心に刻む」を表現する

単に「注意をする」や「心に留めておく」は bear/keep in mind ですが、「自覚する」これよりは意味が強く「心に刻み込む」ぐらいの意味で、take to heart がいいですね。

They should **take** this lesson **to heart**.
（彼らはこの教訓を**心に刻んで**［よく自覚して］おくべきだ）

（6）「人望」を表現する

「人望」は popularity、popular favor、publish estimation、public support などと訳せます。「人望を得る」の表現は、popularity を目的語とすると、動詞は win、gain、acquire、attain、achieve などが用いられます。

She enjoys great popularity among her colleagues.
（彼女は同僚からの人望が厚い）

He **advanced** steadily **in public estimation**.
（彼は着々と**人望を得ていった**）

（7）「名言」を表現する

名言は a witty remark、a happy remark、a sensible remark、a wise saying、a golden saying などといえます。

That's well said. / That's aptly said. / That's wisely said.
（それは名言だ）

（8）「工夫」を表現する

devise、contrive、design などがありますが、plan や invent も「工夫する」のニュアンスをもちます。また、think out も使えます。「工夫を凝らす」というニュアンスでは elaborate で、「彼は計画に工夫を凝らした」は He elaborated his plan. といえます。熟語としては次の表現を覚えておくとよいでしょう。すべて「…に工夫を凝らす」の意味になります。

tax one's ingenuity in …
rack one's ingenuity in …
exert one's ingenuity in …

（9）「及ぶ」を表現する

I was not farsighted enough to think of it.
（そこまでは考えが及びませんでした）
It happened that our discussion ran on the subject.
（我々の議論はたまたまその話に及びました）
The expenses ran up to as much as 10 million yen.
（その費用は 100 万円にも及びました）
Nobody **can in any way equal** the man.
= **No** one **can even remotely rival** the man.
= The man is a giant among his comrades.
= The man stands unparalleled in his ability.（能力において）
= The man is without an equal in accomplishments.（実績において）
（他の人はその男性**の足元にも及ばない**＝その男性に匹敵する人はいない）

（10）「believe 人」と「believe in 人」の違い

I believe you. は「あなたの言っていることを信じる」、I believe in you. は「あなたの人柄を信じる」の意味です。believe in は「…の存在を信じる」の意味も出ます。believe in God は「神を信じる」。「…の価値を信じる」という場合も、believe in を用います。だから、占いなどを信じる場合は believe in を使うのです。

（11）intimate という単語に注意

「親しい友達」には close friend を使います。同じ漢字ですが「親友」とはニュアンスが違いますね。「親友」は英語だと best friend (good friend も可) といいます。
　intimate も「親しい」という意味ですが、intimate を異性に使うと「（男女関係が）深い」ことを表す場合があるので注意が必要です。

Don't make fun of him. Nick is my best friend.
ニックをばかにするな。彼は親友だ。
Samantha and Harris have been **in an intimate relationship**.
サマンサとハリスは**深い関係にある**。

第7章
面接官にアピールする面接術

1. 基本語を使いこなす

英語の単語学習の世界では、次の3つの原則がきわめて重要です。
「名量動質」：名詞はたくさん覚え、動詞は使い方に注意せよ。
「形量副質」：形容詞はたくさん覚え、副詞は使い方に注意せよ。
「難量易質」：難しいものはたくさん覚え、簡単なものは使い方に注意せよ。

この節では、3番目の原則の「易質」の部分に注目します。簡単な単語の有益な使い方を学びましょう。簡単な英語を使いこなすことができることは面接官に対する大きなアピールになるからです。

簡単な単語を使いこなす方法

その1 WHAT

日本語で比較的難しい表現を主に what（関係代名詞）節で表すことができます。

比較的難しい日本語	それに対する英語表現
権利	What we can do
義務	What we must do
義理	What I should do (socially)
人情	How I actually feel about it
建前	What one says (in public)
本音	What one actually thinks
言い分	What one says
一般的意見	What people think

個人的意見	What I personally think
世論	What people generally say
個人的主張	What I personally want to say
（未来の）予定	What I am supposed to do
（過去の）予定	What I was supposed to do

　つまり、one's right（権利）の代わりに what we can do、one's obligation（義務）の代わりに what we must do、one's social obligation（義理）の代わりに what I should do、one's humane feeling（人情）の代わりに how I actually feel about it などが使えるということです。

　このように what を用いると、「彼は本音と建前が異なる」など、一見、どう表現するのか困ることでも、What he says and what he actually thinks are different. というように簡単に言えることになります。

　I was **torn between** what I should do and how I felt about it.
（義理と人情の**狭間で困っていました**）
　Generally speaking, what people say and what they actually think are different.
（人は建前と本音が異なるものです）
　What I actually think is a totally different story.
（私の本音はまったく違ったものになります）
　This is what I personally think but **there is some truth in** what she says.
（これはあくまでも個人的意見ですが、彼女の言い分**には正しい側面があります**）
　This seems to be what people generally say: however, I would like to say what I personally want to say **from a different perspective**.
（これが世論のようですが、私の個人的主張を**別の角度から**行いたいと思います）

＊もちろん、例えば「義理」という言葉を、状況に応じ、what を用いて what I have to do as a friend のように as a friend を添えるなど、アレンジする必要がある。

その2 WRONG

wrong には「間違った」「不適当な」「(道徳的に) 悪い」「(具合が) 悪い」と「逆の、裏の」の形容詞用法、また「悪、悪事」という意味のレベルの高い名詞用法があります。しかし、この単語は基本語で重要な役割をします。しっかり使い方を身につけましょう。

Please correct me if I am wrong.
(もし間違っていたら訂正してください)
My boss had the wrong idea about my academic background.
(上司は私の学歴を誤解していました)
It is a wrong guess, I believe.
(それは見当はずれの推測です)
You've got the wrong number.
([電話で] 番号違いですよ)

＊かけた番号は特定の番号なので the が必要です。また、You've got a different number というように different は通例使わない。

If you want to ask such a question, you're speaking to the wrong person, because I am not an authority on that issue.
(そのようなご質問は私にされても困ります。その問題に関する権威でないからです)
I was in the wrong place **at the wrong time**.
(**間の悪いことに**面倒なことに巻き込まれていました)
They did our company **a great wrong**.
(彼らは我々の会社に**実にひどいこと**をしました)
My boss always **put me in the wrong**, but I came to feel that I couldn't take it any more.
(私の上司は常に**私に責任転嫁して**いましたが、これ以上我慢できなくなりました)

その3 COMPANY

company の語源は、一緒に（com）パン（pan）を食べる仲間からきています。だから、「会社」だけでなく「仲間」や「同伴」や「来客」の意味もあるのです。（第6章第1節 TIPS 参照）

We should not tell that kind of joke **in mixed company**.
（**男女が居合わせている席では**、そのようなジョークは禁物です）

Our manager was in the company of bad companions.
（部長は悪い仲間と付き合っていました）

I invited **company** to tea.
（私は**客**をお茶に招きました）

その4 PART

part には「部分」という中心的な意味のほかに、「役目」「割合」「味方」などの意味があります。文の中でどのように使われているのか確認しておきましょう。

My English **became part of** me.
（英語が**板についてき**ました）
＊直訳すると「私の英語は私の一部になった」。

I spent **part of** the evening at a fashionable restaurant.
（私は夜**のひと時**をその高級レストランで過ごしました）
＊「夜の部分」とは「夜のひと時」と訳せる。

Every staff member did their part to promote the project.
（スタッフの1人ひとりが、そのプロジェクト推進のため自らの務めを果たしました）
＊ every を受けるのは複数（their）であることが多い。their の代わりに his or her でも可能。

I wanted no part in illegal business.
（私は非合法の仕事に関わりたくありませんでした）
＊ part は「役割」という意味から派生した「関係」の意味。

A second is a sixtieth part of a minute.
（1秒は1分の60分の1です）
＊ one sixtieth of a minute でも OK。

Mix one part (of) flour with three parts (of) water.
（水 3、粉 1 の割合で混ぜてください）
＊of は省略されることもある。
I took my boss's part in the discussion.
I took the part of my boss in the discussion.
I took part in the discussion with my boss.
（私はその討論で上司の肩をもちました）
＊boss の所有格は、boss's となり、boss' ではない。しかし、これに続く単語が s で始まる場合は、boss' となる。my boss' skills（私の上司の技能）
I am a stranger **in these parts**.
（私は**この辺り［の場所］**ははじめてです）
＊parts に「地方」「地域」の意味がある。また、stranger は「見知らぬ人」から「（この辺りを）知らない人」の意味になり、「変人」ということではない。I am strange. なら「変人」ということになる。

その5 FORM

form は、基本的意味である「形」以外に「形式」「語形」「書式」「種類」「行儀」「体型」「体調」などの意味があります。

The volcano had the form of a bell.
（その火山は、釣鐘の形をしていました）
Her boss was a devil in human form.
（彼女の上司は人間の形をした悪魔でした）
The manager's encouragement took the form of patting me on the back.
（部長は私の背中をたたいて激励してくれた）
I like a story in the form of letters.
（私は書簡体の物語が好きです）
The word "octopi" is a plural form of "octopus."（複数を表す語形）
（octopi は octopus の複数形の 1 つです）
＊octopuses という複数形もあるので、a plural form となっている。複数形が 1 つの場合は、the plural form of ... となる。

I wrote according to the form prescribed.
（私は指示された書式で書きました）
Heat is a form of energy.
（熱はエネルギーの一形態です）
It is bad form to make a noise when you eat soup.
（スープを飲むとき音を立てる**のは失礼です**）
＊「スープを（スプーンを使って）飲む」は eat を用いて表現する。しかし、カップに入ったスープを直接口から飲む場合は drink (a cup of) soup と言える。
She has a well-proportioned form.
（彼女は均整の取れた体つきをしている）
I was **in great form** at the office on that morning.
（私はその朝、会社では**絶好調**でした）
＊イギリス英語では on great form というように on を用いる。

最重要な日本語を簡単な英語で表す

その1「条件」

「条件」を表す英語は、一般的な単語 condition のほかに、prerequisite（前提条件）、requirement（資格として必要な条件）、qualification（資格）などがあります。

語句 必要十分条件 a necessary and sufficient condition
　　必須条件 an essential condition, an indispensable condition
　　付帯条件 a collateral condition
　　労働条件 labor conditions, working conditions
　　売買条件 the terms of sale
　　立地条件 location requirements
　　条件付採用 conditional adoption
　　条件反射 conditioned reflex (to a stimulus)

<「条件」を表す表現>

① その申し出は私の条件に合いませんでした。
　　That offer did not meet / satisfy / fulfill my conditions.
② 彼は条件に合わず採用されませんでした。
　　He did not have the right qualifications and failed to get the job.
　　Since he was not qualified, he was not employed.
③ 我々は**有利な条件**で交渉しました。
　　We negotiated **on favorable terms**.
　　＊「対等の条件で」なら on equal terms、「無理のない条件で」なら on reasonable terms
④ 当社は前払い**を条件としております**。
　　We **make it a condition that** you pay in advance.
⑤ 健康が成功の条件である。
　　Health is a prerequisite for success.
　　＊「A は B の条件である」は A is a prerequisite for B. とでき、応用がきく。
　　Concentration is a prerequisite for your success in the exam.
　　（集中力は試験の合格の条件である）
⑥ 私は上司の提案に条件付きで賛成しました。
　　I agreed to my boss's proposal conditionally.
　　＊「条件付きで」は conditionally という 1 つの副詞で表せる。
　また、what it takes to be …で「…（になるため）の条件」が表現できます。
⑦ 論理的なスピーチは素晴らしい講演者**になるための条件**である。
　　Logical speech is **what it takes to be** a great lecturer.
⑧ 聞き上手であることが話し上手の条件である。
　　Being a good listener is what it takes to be a good speaker.
　　＊もっと簡単に次のようにも言える。
　　A good speaker is a good listener.

その２「覚悟」

「覚悟」を表す英語は、readiness や preparedness ですが、形容詞や動詞として用いられるのがふつうです。つまり、ready という形容詞や prepare、determine または resolve という動詞が用いられます。

＜「覚悟」を表す表現＞

① それは覚悟の上です。
　I am prepared for that.
　I expected as much.

② 私は最後までやりぬく覚悟です。
　I am prepared to stick to it until I can finish it.
　I am determined to carry it through.
　I am resolved to go through with it.

③ **最悪を覚悟**していました。
　I was **prepared for the worst**.
　＊I prepared myself for the worst. はやや文語的な表現。

④ 危険は十分覚悟の上で、やってみました。
　I was fully aware of the danger but I tried.

⑤ このような知らせを覚悟していたものの、やはりショックでした。
　I was prepared for this kind of news, but it was still a shock to me.
　what I must do や the price one has to pay などの表現を用いることができます。

⑥ あなたが理不尽なことをやめないなら、こっちにも覚悟があるよ。
　If you don't stop doing such unreasonable things, I know what I must do.

⑦ 面接を受けるときは、**それぐらいは覚悟**しています。
　That is the price I have to pay when I have an interview.
　＊that の内容は、例えば「面接官が厳しい質問をすること」や「自分が焦って何かを言い間違えること」などがある。

その3 「肝心」

「肝心」を表す英単語は、形容詞では main、essential、important、vital（非常に重要な）、momentous（重大な）、また、熟語では of great importance、of great import、of great moment、of great significance、of the essence などがあります。

「肝心な点」という名詞は、the point、the basic point、the vital point、the main thing、a pivot、a linchpin、また、イディオム表現では、the name of the game、part and parcel（切り離せないもの）、the nuts and bolts（土台）、the be-all and end-all（最重要のもの）などがあります。

＜「肝心」を表す表現＞

① 考えと思いの違いを認識することが肝心です。
　It is essential to recognize the distinction between what you think and how you feel.
② すべてが**順序どおりに行われる**のが肝心だと思います。
　I think it is vital that everything **take place in sequence**.
③ その発見は癌治療に重大な影響を与えるであろう。
　The discovery may have a momentous effect on the treatment of cancer.
　また、次のように熟語を用いる方法もあります。
④ 時間厳守がいかなるビジネスにも肝心です。
　Punctuality is of great importance in any business.
⑤ 正直さは人間関係において肝心なことです。
　Honesty is a matter of great significance in human relations.
⑥ ピザ宅配においては迅速さが**肝心**です。
　Speed is **of the essence** in the delivery business of pizzas.
　イディオムを用いた表現もあります。
⑦ 自信が何を実行するにも**肝心**です。
　Confidence is **the name of the game** in carrying out anything.
⑧ これらの表現は印象的なスピーチを行う際**重要なもの**です。
　These expressions are **part and parcel** of an impressive speech.

⑨ 十分な知識と豊富な経験は成功**の土台**です。
Sufficient knowledge and abundant experience are **the nuts and bolts of** success.

その４「確信」

「確信」に関わる英単語もたくさんあります。例えば、「確信する」は、believe firmly、be convinced of、convince oneself of、be sure of、be confident of、feel certain of、be secure of、have a firm belief that …、make no doubt that …、hold an unshakable belief that …などがあります。

「確信犯」（道徳的、宗教的または政治的信念に基づき、本人が悪いことでないと確信してなされる犯罪、またはそのような犯罪を犯す人）は、a prisoner of conscience。

a prisoner は「囚人」の意味ですが、比ゆ的に囚われの身、または「とりこ」の意味があります。a prisoner of love（恋のとりこ）、a prisoner to one's room（部屋にこもりきりの人［病人など］）。

また、「引きこもり（の人）」は、a reclusive person、米用法で a shut-in といいます。She is socially withdrawn. といえば「彼女は引きこもりだ」の意味です。

＜確信を伝えるいろいろな表現＞

① これだけは**確信をもって**言えます。
　This much I can say **with certainty**.
　This can be said **with confidence**.
② 私は**確信をもって**そのウェブサイトを推薦できます。
　I can **very confidently** recommend the Website.
　I am **very positive** that the Website is recommendable.
③ 私は、継続は力であるという**ことを確信しています**。
　I am **confirmed in my belief that** continuation is power.
　It is my **firm belief that** continuation is power.
④ 彼は立派な人間だ**という確信を強めました**。
　My conviction that he is an admirable man **was confirmed**.

第3部 仕上げ編

> **TIPS**
>
> **「確信」に関するいろいろな違い**
>
> ① sure, certain, convinced, positive のニュアンスの違い
>   sure は主観的な判断による確信、certain は客観的な証拠や事実に基づく確信、convinced は事実に基づく強い確信、positive は独断とも思えるほど強い確信
> ② be sure of .... と be sure to do ...の違い
>   He is sure of his success.（彼は自分の成功を確信している）
>   He is sure to succeed.（彼はきっと成功する）
>   ※ be sure of ...の構文では、確信しているのは主語、すなわち、上の文においては he。be sure to do ...の構文では、確信しているのは話者、すなわち、I となります。

その5「結果」

「結果」表す語には、a result、a consequence、an outcome、an effect、a sequel、a ramification などがあり、プラスイメージの「成果」としては、fruit や product があります。

さらに、「結末」という意味での結果は、the end、the issue、the upshot などがあります。

（1）product の用法

Good style is the product of a well-organized mind.
（よい文体というのは、理路整然とした頭脳の成果である）

（2）upshot の用法

The upshot of it was that she had to quit the job.
（**結局は**、彼女は仕事を辞めなければならなかった）

（3）「結果」に関わるさまざまな文

① 結果は思わしくありませんでした。
The result was not quite satisfactory.

The result did not come up to my expectations.
② そのような方法は反対の結果をもたらしました。
That kind of measure bought about a reverse effect.
That sort of method brought about an opposite result.
③ 結局、することなすことすべてが**裏目に出ました**。
After all, everything I did **went against me**.
In the end, what I did backfired.
④ プレゼンの失敗は、**不勉強の結果**でした。
My failure in the presentation **came of my idleness**.
My idleness is responsible for my failure in the presentation.
⑤ その結果はどうなるのか私にはわかりません。
I don't know how it would end.
I am not sure what result it would lead to.
⑥ 彼の今日の成功は、長期にわたる辛苦の結果であると思います。
I think his present success is the outcome of his years' diligence and perseverance.

2. 話を面白くする方法

　話が面白ければ聞いてくれるものです。面接では、自分の話を面接官に聞かせるわけだから、自分の話が面白いほうがよいですね。この節では、話を面白くするいくつかの方法を紹介しましょう。

ジョークの上手な使い方

　ジョークはタイミングとバランス感覚が大切です。タイミングよく言わないとジョークになりません。特に少し考えてから言うとちっとも笑わない、むしろどういうことだろうと相手も考えてしまうので、かえって逆効果ということになり

ます。また、人を馬鹿にしたようなジョークは禁物です。馬鹿にするなら、あくまでも自分を対象にしましょう。激しすぎる内容も避けるべきだけれども、穏やか過ぎたらジョークになりません。その意味でバランス感覚が必要なのです。

（1）面接官がにっこりする可能性があるジョーク

I have long been waiting for this question. Thank you for asking me.
（その質問をずっとお待ちしておりました。尋ねていただき感謝します）

This is a little bit difficult question to me. However, I like difficult questions, because they are challenging. Let my try.
（これは私には少し難しい質問ですね。しかし難しい質問は好きです。なぜなら挑戦しがいがあるからです。トライしてみます）

If I have to talk about that kind of topic, I will need another three hours. Actually, I like the topic very much. However, I will **put** what I want to say about that **into a few sentences** this time.
（そのような話題についてお話ししないといけないなら、あと3時間は必要です。実際、その話は大好きですから。しかし今回は、私がそれについて言いたいこと**を簡単にお話しする**ことにします）

I am used to speaking in public but this interview is an exception, because I don't know what kind of question will be asked.
（私は人前で話すことには慣れていますが、この面接は例外です。なぜなら、どんな質問が飛んでくるのかわからないからです）

Generally speaking, people won't talk about what they don't want to say, but I'll tell you about not only what I want to say but also what I don't want to say today.
（一般的に、人は言いたくないことはしゃべらないものですが、今日は、私は、言いたいことだけでなく言いたくないことまでお話しさせていただきます）

（2）すでに存在するイディオムを利用したジョーク

I tend to make a short story long rather than to make a long story short.
（私は長い話を短くするより、短い話を長くする傾向があります）

＊ make a long story short（簡潔に話す）を利用したジョーク

I was in three minds about what I should do after graduation.
（私は卒業後どうするかに関し、3つの気持ちの板ばさみ状態でした）

＊例えば、「大学院進学」「就職」「留学」の3つで悩む場合などがあります。これは、be in two minds（どちらにしようかと悩む）を利用したもの。

I have so many butterflies in my stomach today.
（今日は非常にどきどきしています）

＊ have butterflies in one's stomach で「（緊張で）落ち着かない」を利用したもの。

TIPS

have A in B のイディオム

① have ants in one's pants（むずむずする、[興奮して] 落ち着かない）
② have a maggot in one's head（気まぐれな考えを抱く）
　maggot は蛆虫。
③ have a bee in one's bonnet（少々気が変である）
　bonnet は（婦人用の）帽子。about ...を続けて「…にとりつかれている」を表す。
　He has a bee in his bonnet about the idea.（その考えにとりつかれている）
④ have one's head in the clouds（上の空だ、空想にふけっている）
　have a good head on one's shoulders（賢い、思慮深い、有能だ）

I tend to **burn the candle at both ends**, so I try to burn it at one end all the time.
（私は**少々無理する**傾向があるから、無理はしないよう常に努めています）

＊これはもちろん、burn the candle at both ends（蝋燭の両方の端に火をつけるということで「無理をする」の意）を用いたもの。

I was so hungry that I could eat a horse, I could eat an elephant, and I could eat a blue whale.
（私はあまりにも空腹だったので、馬、いや象、いやシロナガスクジラでも食べられると思いました）

＊ I could eat a horse. の部分は「非常におなかが空いた」という意味のイディオム。

185

対比表現でユニークな話をする

　対比的な言い方は頭に残ります。また、複雑な話がわかりやすくなる面もあります。いくつか紹介しましょう。

① My heart says yes but my mind says no.
（私の情的な心は「はい」の返事ですが、知的な心は「いいえ」の返事です＝感情では肯定の返事ですが、理性では否定の返事です）

② My left brain thinks I should do the former, but my right brain feels I want to do the latter.
（左脳では前者のことをすべきだと考えているのですが、右脳では後者のことをしたいなと思っています）
＊左脳は言語をつかさどり論理的思考をし、右脳はイメージをつかさどり直感的感性に関わっている。

③ There is an old saying: **Experience without knowledge is better than knowledge without experience**. However, I think knowledge without experience is even better than experience without knowledge. This maxim applies to young people. Just because of lack of experience, they can challenge anything, and they should do so.
（古い諺に「知識のない経験は経験のない知識に勝る（＝日本語では「**亀の甲より年の功**」）」というのがありますが、私は、経験のない知識のほうが、知識のない経験に勝るのではないかと考えています。この処世訓は若い人に当てはまります。経験がないからこそ、なんでも挑戦できるし、またすべきです）

④ I really want to have **something about everything**, which means general knowledge on every field, and at the same time to have **everything about something**, which means deep knowledge on one field.
（私は、本当にすべてについて何かをもちたいと思います。これはすべての分野に一般知識をもつこと［＝**教養**］を意味します。そして同時に、何かについてすべてをもちたいと思います。これは１つの分野について深い知識をもつこと［＝**専門**］です）
＊このような教養と専門がつりあった人間がＴ字型人間（＝T-shape person）である。

⑤ I don't want to be a person who knows nothing about anything, and it's very hard for me to become a person who knows everything about everything, so I want to become a person who knows something about everything and everything about something.
（何についても何にも知らない人にはなりたくないですね。そしてすべてについてすべてを知っている人になるのは非常に難しいです。だから、私はすべてについて何かを、何かについてすべてを知っているような人になりたいと思っています）

ユニークでインパクトのある考え方を示す

　これまで述べてきたジョークや対比的な話の仕方は、how to speak（話し方）に関わっています。しかし what to speak（話の内容）を重視した話ができることも重要です。ここでは、インパクトのある考え方を示してみましょう。自らの持論を常に英語にしておくことをおすすめします。

① 人生は運命の横糸と努力の縦糸の織りなす敷物だと思います。
　Life is like a rug with the weft of fate and the warp of efforts.
② 努力は実力を高め、感謝は運気を高めると思います。
　Efforts will enhance ability and gratitude will enhance fortune.
③ くよくよ悩むよりも、よくよく考えるのが重要です。（後悔よりも反省）
　It is important for us to think about something than to worry about it.
④ 期待せず希望すること（期待よりも希望）が大切だと思います。期待していてうまくいかないとがっかりするものです。しかし、私は、何事にも希望はもつべきだと考えています。
　I think hope is more important than expectation. If something does not go as is expected, we'll be discouraged. However, we should still continue to hope.
　＊「（見込みはないけれども）希望をもち続ける」には、hope against hope という表現がある。We were hoping against hope that our colleague had survived the plane crash.
（我々は同僚が飛行機事故から万が一でも生還することを願っていました）

⑤ 私は、「縁」（エン）と「緑」（ミドリ）**を大切にして**います。「縁」とは「人との出会い」、「緑」とは「地球の環境」。これらの２つを表す漢字が似ていますが、ともに人生において重要な概念だと思います。

I **put a high value on** human relations and the environment. The former is expressed by the Chinese character "fuchi" and the latter is expressed by another Chinese character "midori." The two Chinese characters are coincidentally similar in shape to each other. I think these two concepts are important in our life.

⑥ 私は英単語で contemplation という単語が好きです。というのは、この単語は、物事の成功に不可欠な要素を表す３つの意味が入っているからです。それは計画と熟考と予想です。

I like the English word "contemplation." The reason is that the word contains the meanings for three essential factors in a success of anykind. The three factors are planning, consideration and prediction.

⑦ ５つの母音字が入っている単語は、大変重要なことを表していると思います。例えば、education という単語に５つの母音字が入っていますが、人生**において教育は大変重要な問題**です。

I think a word which contains five vowels expresses something very important. For example, the word "education" contains five vowels, and as you know, education is **of great importance in** life.

⑧ 私はアーティストを目指しています。この場合のアーティストの意味は積極的にリスクを負う人間です。なぜなら、active risk taker の頭文字が art になるからです。私はこのような人をアーティストと呼んでいます。

I try to be an ARTist. The word "artist" in this case means an active risk taker. The reason is because the acronym of the expression "active risk taker" is A-R-T. I call this kind of person an ARTist.

ごく基本的な単語の意外な表現を使う

　英語の基本語は、面白い用法の宝庫です。面接試験に限らず、外国人と話すいろいろな場面で使うと楽しいでしょう。面接試験では、「なかなかいろいろな表現を知っているな」と思われて、面接官によい印象が残るでしょう。

（1）簡単な単語の意外な用法

① summer 夏を過ごす
　　I often summer in Karuizawa.
　　（私はしばしば軽井沢で夏を過ごす）
　　同様に、winter には「冬を過ごす」の意味があります。
　　I sometimes winter in Okinawa.（私は時々沖縄で冬を過ごす）

② mother（母親のように）生み出す
　　Necessity mothered the invention of the new system.
　　（必要からその新しいシステムが発明された）
　　father には「責任を…に帰する」の意味があります。
　　The mistake was fathered on me.（そのミスが私のせいにされた）

③ frequent（娯楽の場所などに）しばしば訪れる
　　While I was a college student, I frequented the coffee shop.
　　（学生時代、私はその喫茶店に行ったものだ）
　　次の形容詞用法にも注目しておこう。
　　She is a frequent guest at our house.（彼女はよく我が家を訪れます）

④ equipment（仕事・任務に必要な）知識
　　He has **the necessary equipment for** the practice of law.
　　（彼は法律**に必要な知識**をもっている）
　　linguistic equipment といえば「語学の素養」のこと。
　　She has a lot of linguistic equipment.（彼女は語学の素養が十分ある）

⑤ pepper（コショウのごとく）質問を浴びせられる
　　I was **peppered with questions** by my boss.
　　（私は、上司の**質問攻めにあいました**）
　　一方、「ばらまく」という意味もあります。

The ground was peppered with seed.（地面は種が一面にまかれていた）

（２）game を用いた表現

① 彼のブリッジの腕は上がっています。
　　His game of bridge is improving.
　　＊game は「試合ぶり、ゲーム運び」の意味。
② 彼女の下心は、私は見通していますよ。
　　I can see through her game.
　　＊game は「駆け引き、たくらみ」の意味。
③ 冗談ではないですよ。（本気です）
　　This is not a game.
　　＊game は「冗談」の意味。
④ 彼は彼女の愛を得る**ためなら何でもします**よ。
　　He is **game for anything to** gain her love.
　　＊game は「…する気がある」の意味。

（３）thing の注意すべき使い方

① 彼女はそのニュース**については何も知らない**ようです。
　　She does**n't** seem to know **a thing about** the news.
　　＊a thing を the first thing にしても同じ意味。
② 彼は近所の関係で１つ問題を抱えています。
　　He has a problem with his neighborhood thing.
　　＊「…のこと」を表す thing で、これは口語表現。
③ 現在、ダメージ加工のバッグを身につけるのがはやっています。
　　It is now the thing to wear a damage-processed bag.
　　＊the thing に「流行」の意味がある。
④ 電車内で化粧してはいけないと思います。**感心できること**ではありません。
　　You must not put on your make-up on the train. It is not quite **the done thing**.
　　＊the done thing は「社会的に受け入れられること、礼儀にかなうこと」。
　　「感心できることではない」は、It is not the thing to do. とも言える。

（4）「きっかけ」の表現を英語にする

① 彼との話の**きっかけを作る**のは少し難しかったです。
　　It was a bit hard to **find an occasion** to get into conversation with him.
② 話が突然変わったことが、私の見方を切り出すのに**よいきっかけ**となりました。
　　The sudden change of the talk was **a good chance** to broach my viewpoint.
③ 今回の失敗を**きっかけとして**方向転換を図ればよいと思いました。
　　I thought I could **make** my failure this time **an occasion** to change direction.
④ 私は**あらゆるきっかけを捉えて**英語を話したものです。
　　I used to **take every possible opportunity** of speaking English.

インパクトと感動を与える秘訣

　けっこう難しい質問をされたとき、Thank you very much for asking me that question. This is the very question that I wanted to be asked in this interview.（そのご質問大変ありがとうございます。この質問こそ、この面接で尋ねていただきたかった質問です）などというと、相手にインパクトを与えます。しかし、多用は避けましょう。インパクトを保つためには同じ手は複数使えないので注意しましょう。

（1）インパクトのある「相違」表現

　それこそ、There are many different expressions about "difference."（違いの表現はいろいろと違ったものがある）のですが、その一部でインパクトのあるものを紹介します。
① There is **a world of** difference between the two.
　　（その２つはまったく違います＝違いは「１つの世界」ほどであるということ）
② They are **poles apart** in opinion.
　　（彼らはまるで意見が違います＝両極 (poles) 端ということ）
③ This is subject to **great variation** according to the circumstances.
　　（このことは状況により非常に異なることがあります＝偉大な変化が存在する）

（2）インパクトのある「指摘」表現

「指摘する」は、point out や indicate だけで間に合いますが、時には、次のようなインパクトのある表現を用いるとよいでしょう。

① She **laid a finger squarely on** the mistakes in his report.
（彼女は彼の報告書の誤りを正確に指摘しました）

② I indicated his errors **with pinpoint accuracy**.
（私は、彼の誤りをぴたりと指摘しました）

③ He was silenced **when his design was spotted**.
（彼は図星を指されて何も言えなくなった）

（3）簡単な対比表現でインパクト

① Don't try to do it. Do it!
（しようと試みないでください。しましょう！＝「しようかな」ではなく「しよう」だ）

② It is possible but not probable.
（それはありうるけれど、確率は低いです）

＊possible は「可能性がある」、probable は「確率が高い」の意味で、確信度は probable のほうが高い。

③ I was just hearing but not listening.
（ボーッと聞いているだけで、ちゃんと聞いていなかったのです）

＊これは、hear と listen の違いを利用した表現である。この表現で「上の空」（be absent-minded）を表すことができる。

④ I talked and talked but I found I spoke about nothing actually; I mean I didn't **speak to the point**.
（私はべらべらしゃべっていたが、何も話していないことに気づきました。**ポイントを突いた話をして**いなかったということです）

＊これは、talk と speak の微妙な違いを利用した表現である。

面接官にアピールする面接術　第7章

TIPS
talk と speak の違い

　talk は気軽に話をするというニュアンスがあり、speak はしっかりとした内容のことを話すというニュアンスがあります。それぞれの名詞形は、talk（これは形が変わりませんが、「おしゃべり」の意味）と speech（演説）ですが、この名詞形の意味の差を見ても2つの単語の差がわかりますね。
　それぞれにつく動詞は、have と make です。努力を匂わせないのが、have で、努力を匂わせるのが make です。確かに、make an effort（努力する）という表現もありますね。talk には努力が必要ないから have と相性がよく、speech は努力を伴うから make と相性がよいのです。
　　have a talk（おしゃべりをする）/ make a speech（スピーチを行う）
　＊面接では、make a speech の姿勢が大切なのは言うまでもありません。

（4）ビッグワードでインパクト

① unflagging 疲れの色を見せない

　I make unflagging efforts to achieve great goals.
　（私は偉大な目標を達成する、懸命の努力をします）
　My boss worked with unflagging energy.
　（私の上司は、うまずたゆまず働く人でした）

② skyrocket（物価などが）急騰する

　I think we have to analyze why oil prices skyrocket these days.
　（最近の石油価格の急騰の原因を分析する必要があると思います）

③ mushroom 急に成長する、変化する

　My concern **mushroomed into** worry.
　（私の懸念は心配**のレベルになりました**）

④ astronomical 天文学的な、膨大な

　He had **an astronomical amount of knowledge** about marketing.
　（彼はマーケティングについて**膨大な知識**をもっていました）

　＊ an astronomical amount of knowledge about astronomy（天文学に関する天文学的な量の知識）はジョークとして使える。

193

⑤ exponentially 幾何級数的に、急激に

The population of the country increased exponentially.

（その国の人口は急激に増加しました）

＊ exponential equation は指数方程式、exponential function は指数関数。

⑥ voracious 貪欲な

I **have a voracious appetite for** knowledge.

（私は知識**欲が旺盛**です）

＊ほかに have a thirst for knowledge、be thirst for knowledge、thirst for knowledge（thirst は動詞）のような thirst を用いる方法、have a great hunger for knowledge、be hungry for knowledge、hunger for knowledge のような hunger/hungry 系の表現を用いることが可能である。

3. 実力以上に見せる術

　一般的に英文は書けば実力がばれてしまうものですが、しゃべるほうはある程度の訓練で、実際以上の力を発揮することができます。

　例えば、この表現は大丈夫かな？ 文法は合ってるかな？ 語法的に自然かな？ などと悩みながらしゃべった場合は、どんなに英語の実力がある人でも、下手に聞こえる場合があります。この逆をいけば、実力以上の力を見せることができるわけです。つまり、自信をもって堂々としゃべると、知っている表現などが出てきてスムーズにしゃべれるということがあるし、また、知らない表現でも堂々としゃべれば、面接官が日本人なら、堂々としゃべっているから、きっとその表現はあるのだろうと思ってしまう可能性があります。また、面接官がアメリカ人なら、あれ、それはイギリス英語かな？ などと思う可能性もあるでしょう。

　ここでは、実力以上の力を見せつける技法を簡単に学びます。

前置きの法

　意見を聞かれて、Well, I think ...といきなり言って、その後が eh ...しか出てこない場合は、パニックになり、ますますまずい状況になる可能性がありますね。そんな場合、前置き表現をもっていると便利です。いくつか紹介しましょう。

① Opinion may differ from person to person.
　　（意見は人により異なるものです）
　　　この表現に類するものに次のようなものがあります。
　　Custom may differ from nation to nation.（習慣は国によって異なる）
　　Religion may differ from culture to culture.（宗教は文化によって異なる）
　　Different people have different opinions.（人により意見はさまざまだ）
　　Opinion may differ from person to person, and my opinion about that problem may be different from others. My personal opinion is that ...
　　（意見は人により異なるので、それに関する私の意見も他人とは違うかもしれません。私の個人的見解は…）

② There are so many things I would like to mention in this connection that it is hard to pick out one, but I will try.
　　（これに関連して申し上げたいことはいろいろありますので、1つに絞り込むのは難しいですが、挑戦しましょう）

③ I think **opinion is divided on** this question but what I would like to say here is that ...
　　（この問題**に関して意見は分かれている**と思いますが、私がここで言いたいことは…）

④ It is often pointed out that ～ But I personally think that ...
　　（～はよく指摘されていますが、私は個人的に思うことは…です）

⑤ The first thing I hit upon as part of my answer to your question is that ...
　　（そのご質問に対してお答えする際に、頭に最初に浮かぶことは…です）

⑥ One of the most important things that you have to bear in mind **when it comes to doing** A is to do B
　　（A **する際に**念頭に置かなければならない最も重要なことの1つにBすること

があります）

繰り返しの術

　面接官の言ったことを繰り返したり、表現自体を繰り返すことは、英語がスムーズにしゃべれている感じを与えます。いくつか示しましょう。

① You have just asked me to tell you about what is my view on the relationship about the industrialization of developing countries and the environmental problems of the world. I think this is a very important topic when we think about the future of our earth. Let me give you my own opinion about this problem.
（発展途上国の産業化と世界の環境問題の関係性についての私の見解を述べるようにとのことですが、これはわが地球の将来を考えると、非常に重要な話題だと思います。私自身のこの問題に対する見解を述べさせていただきます）

② What I was saying was completely different from what he was saying.
（私が言っていたことと彼が言っていたことはまったく異なっていました）
　　＊ My idea was different from his idea.（私の考えは彼の考え違っていた）とシンプルにいう方法もあるが、what I was saying のような節を作ったり、completely（＝ entirely, totally）などの副詞を用いたりすることにより、英文がスムーズになる。

③ If something that a woman wants to be done by a man she likes is actually done by a man she doesn't like, it will become a typical form of sexual harassment.
（女性が好きな男性によってされたいと思うことが、実際に好きでない男性によってなされたら、それは典型的なセクハラ行為になってしまう）

言葉の特徴を利用した表現法

　言葉の特性自体を利用した表現法はユニークでインパクトがあります。いくつか紹介しましょう。

面接官にアピールする面接術 第7章

① This is a big BUT!
　（これは大きな疑問ですね）
　＊「大きな声で反対を唱えたい」という意味にもなる。
　＊ this はこれから言うことを指す場合もあります。次のように使える。
　English is regarded as an international language. But, but, this is a big BUT! There are few people who speak English in Europe.
　（英語は国際語とみなされています。しかし、しかし、これは大きな疑問ですよ。ヨーロッパでは英語を話す人はほとんどいません）

② This is actually a question mark to me.
　（これは実際、私には疑問です）

③ I would like to answer your question with a big YES.
　（私はそのご質問に対して、堂々と「はい」と言いたいと思います）

④ I am **honest with a capital H**.
　（私は、**馬鹿正直**です＝大文字の H がつく honest、すなわち I am Honest!）

⑤ I can describe my nature by three adjectives.
　（私の性格は 3 つの形容詞で表せます）
　＊例えば、私の性格は PEN（punctual、enthusiastic、noble）で表せるとしても面白い。
　I can describe my nature by three adjectives. Their acronym is PEN, in which P means punctual, E means enthusiastic, and N means noble.
　（私の性格は 3 つの形容詞で表せます。その頭文字語は PEN で、P は punctual（時間厳守）、E は enthusiastic（情熱的）、そして N は noble（高潔）を意味します）

⑥ I soon **run out of adjectives to express** the beauty of my hometown.
　（私は自分の故郷の美しさ**を言い表すのに、形容詞が足りません**［それほど美しいということ］）

⑦ I cannot find any word to express the elegance of his method.
　（彼のやり方の優雅さを表現するのに言葉が見つかりません）

⑧ That was all I wanted to say. Period! Thank you.
　（それが私が言いたかったことすべてです。以上です！ありがとうございました）
　＊口語だとややきつい感じがするので、よほど打ち解けた場合でないと Period! は使えません。

第3部 仕上げ編

困ったときでもかっこよく見せる術

　本当にすごい人は、困ったときこそ本領を発揮します。面接のスピーチでも、言葉に詰まったような場合に、どう切り返すかが実力の見せ所です。実力者は、自然に困難を切り抜けるのですが、慣れてない人は、やはり、そのための表現をもっているべきでしょう。

① Well, **it's just on the tip of my tongue**. I will talk about it later, and is it OK to talk about something indirectly related to this subject?
（えっと、**ど忘れしました**［＝喉元まで出かかっているのです］。それについては、後でお話します。この問題に間接的に関係していることについてお話してもよいでしょうか）

② **You just took the words out of my mouth**. However, I would like to repeat it, since this is very important.
（**ちょうど言おうと思ったことを言われてしまいました**。しかし、このことは非常に重要なので、もう一度繰り返します）

③ **I am at a loss for words**, but I will try to find the best words to express my answer to the question. Well, give me some time to think about it, please.
（**言葉に詰まりましたが**、そのご質問に対する私の回答を表すのに、ベストな言葉を見つけます。少し考える時間をいただけますか）

④ Something I experienced at that time is **beyond description**.
（そのとき私が経験したことは**筆舌に尽くしがたいです**）

　＊ be beyond description の代わりに、pass/beggar/defy/baffle description が使える。description を強調して all description としてもよい。

特定の質問に対して印象をよく保つコツ

　個々の質問に対して、それぞれの答え方があるのですが、特定の質問に対しては、特別の回答の方法があります。３つの例を挙げておきましょう。

① 短所は？ と聞かれたら、マイナス思考をせずに答えてみる

My weak point is that I am too optimistic.
(私の弱点は、明るすぎるということです)
Sometimes I am so optimistic that I can't find any weak points.
(時々、私はあまりに楽天的なので弱点が見つかりません)
My weak point is that I have no weak points. This is a joke.
(私の弱点は弱点がないことです。これはジョークですが)
＊ジョークをはさむ場合はタイミングが大切。

② リーダーシップとは？ と聞かれたら、ある人の考え方の引用をする

According to a book entitled "Katsumoto Katagiri," physical power is needed to control 10 people; mental power is needed to control 100 people; intellectual power is needed to control 1,000 people; and it is charm that is needed to control 10,000 people. **I feel pretty much the same way.**
(『片桐且元』というタイトルの本によれば、10人を従えるには体力が必要、100人を従えるには気力が必要、1,000人を従えるには知力が必要、そして、10,000人を従えるには魅力が必要ということです。**私も同感です**)

③ 人生観は？ と聞かれたら、名言を利用してみる

My philosophy is represented by the following wise remark. Study as if you were going to live forever; live as if you were going to die tomorrow. This is the witty remark by Maria Mitchell, an American astronomer.
(私の人生観は次のような名言で表現できます。「永遠に生きるかのごとく勉強し、明日死ぬかのごとく生きよ」これはマリア・ミッチェルというアメリカ人天文学者の名言です)

金言を利用した人生観を披露する

世の中には実に多くの金言が存在します。このような金言を利用することによって、面接を有意義で、内容の濃いものにできると思います。いくつか紹介しましょう。

① Knowledge is power for judgment, and perseverance is power for action.
(知識は判断の力となり、忍耐は行動の力となる)

第3部 仕上げ編

② Success is not a matter of "can or can't," but a matter of "do or don't."
（成功は「できる・できない」の問題ではなく、「する・しない」の問題だ）

③ The day when you did not fail in anything is the day when you did not do anything.
（何も失敗しなかった日は、何もしなかった日である）

④ The person who will be successful in the end will surely experience failure in the beginning.
（最後に成功する人は、はじめに失敗を必ず体験する）

⑤ A person who is good at gambling is not one who wins. The really strong person in gambling is the one who stays calm and smiles even if he loses.
（ギャンブルがうまい人は勝つ人ではない。ギャンブルに本当に強い人は、穏やかで、負けたときにニコニコしている人だ）

⑥ The best day for something you want to do is today, while the worst day for it is tomorrow.
（何かするのに最高の日は今日で、一方、最も悪い日は明日である）

⑦ It is better to work with an imagination of you being successful in the future when you are a worker of low rank in a company, and after you become successful, you should work recollecting hardships that you experienced when you were of low rank.
（会社で駆け出しのころは、将来成功したイメージで働き、成功したときは、駆け出しのころの苦労を思い出しながら働くとよい）

⑧ Life is like a refrigerator without the door; if you are doing nothing, the ice called motivation will melt and disappear.
（人生とはドアのない冷蔵庫のようである。何もしなければ、動機という氷が解けてなくなる）

⑨ A successful person knows the following three things. No.1 A successful person is spoken ill of by those who are not successful. No.2 A successful person confirms his or her success when spoken ill of. No.3 There are two types of people in the world: one who will be successful after being spoken ill of by those who have nothing to do with success and one who ends up being unsuccessful in his or her entire life by speaking ill of those who are successful.

（成功した人は、次の3つのことを知っている。1つ、成功する人は成功していない人によって悪口を言われる。2つ、成功する人は、悪口を言われたとき、自らの成功を確信する。3つ、世の中には2種類のタイプの人がいる。つまり、成功とは縁がない人により悪口を言われて成功する人と、成功する人の悪口を言うことによって人生を成功せずに終わる人の2種類である）

⑩ If you want a great success, you should make the people you work with become successful first.

（もし、大成功を望むなら、一緒に働く人をまず成功させるべきだ）

⑪ The reason why you are not successful is not because you have no talent, but because you lack imagination of your success.

（成功しない理由は、能力がないからではなく、成功のイメージがないからである）

⑫ You will become a member of International Failures' Association immediately when you give up doing anything by saying you have no talent.

（能力がないといって、何でも諦めてしまえば、すぐに「国際失敗協会」の会員になるだろう）

第8章
模擬面接2 あなただけの答え方を見つける

　この章では、予想される質問に対して、できる限り多くの回答の可能性を示しています。実際の面接に大いに参考になると思います。

① Tell me a little about yourself.
自己紹介をしてください

※この章の音声は、回答例として **A1** のみを収録しています。

A1 I am extraordinarily healthy and have a lot of stamina. Since I was an elementary school student, I have never been absent from school due to sickness. I belong to the American football club at college and I am practicing it hard.

私は、並外れた健康と体力の持ち主です。小学生のころから、病気で学校を休んだことはありません。大学では、アメフト部に所属し練習に励んでいます。

A2 I am as active and tenacious as anybody. I have dreamed about traveling around the United States since my childhood. Then, after getting into the university, I worked part-time and saved money for my trip. Finally, I fulfilled my dream of traveling around the United States.

私は、行動力と粘り強さでは誰にも負けません。子供のころからアメリカ一周旅行をするのが夢でした。それで、大学に入ってからはアルバイトでお金を貯めて、アメリカを回る旅行の夢を実現しました。

A3 I can take charge, and I am responsible. I'm working as a secretary in the psychological seminar and I'm acting as the captain of group activities.

私は、すすんで仕事を担当する能力や責任感があります。心理学のゼミでは幹事をしていますし、サークル活動では部長を務めています。

2. What kind of character do you have?
あなたはどんな性格ですか？

A1 I'm a sociable person. I can have a friendly chat with someone I've just met for the first time. The other day, I was talked to by a man aged about 60 who was sitting next to me on the train and we had been talking for about 20 minutes until the man got off the train. He seemed to have been interested in the polo shirt I was wearing which stated the name of a university. Just before getting off the train, he said to me, "I really enjoyed talking with you." I was happy, too.

Track 74

私は社交的な性格で、初対面の人とでも、打ち解けて話せます。先日も電車の中で隣に座った60歳くらいの男性に話しかけられ、その人が降りるまで20分ぐらい会話しました。私が大学名入りのポロシャツを着ていたことに興味をもたれたようでした。降りる間際に、「話ができてとても楽しかったよ」と言われ、私もうれしくなりました。

A2 I think I am cheerful and can help people around me enjoy themselves. If I see my friends depressed, I feel tempted to cheer them up.

私は陽気でまわりの人を楽しくさせる性格だと思います。友達が落ち込んでいると、なんとか元気づけてあげたくなります。

A3 I tend to get immersed in anything. Once I've started something, I have to go the limit. For the survey of my graduation thesis, I visited a depopulated village in Shikoku and collected lots of data over half a year.

私は凝り性なところがあります。1つのことを始めると、とことん突き詰めなければ気が済みません。卒論の実態調査では、半年にわたり四国の過疎村を訪れて、多くのデータを集めたものです。

A4 I stick to what I think is right and what I believe in. But I always try to listen to other opinions so as not to be self-centered.

私は自分が正しいと思ったことや価値があると信じていることは貫くタイプです。と

第3部 仕上げ編

はいえ、独り善がりになってはいけないので、常に周囲の意見に耳を傾けるよう努めています。

＊「独り善がり」は self-centered 以外に、self-satisfied、self-righteous、smug、complacent などで表現できる。

A5 I have a service-minded personality. I am often asked for advice by my friends or my juniors. I understand that being asked for advice means I am needed, so I always try to listen to them no matter how busy I am. After consulting with me, they say to me, "Thank you." This word drives me to do my best for them.

私は面倒見のいい性格です。よく友達や後輩から相談を受けます。相談を受けるということは、自分が必要とされていることなので、どんなに忙しくてもできるだけ話を聞いてあげます。一緒に話をした後、「ありがとう」と感謝してくれます。その一言が、私をますますその人達のために頑張ろうという気持ちに駆り立てるのです。

注意 「consult with 人」は「人と話し合う」、「consult 人」は「人に相談する」（この場合は、目的語の人は優位に立っている）。この２つの違いに注意。
　　　The lawyer consulted with the doctor about the case.
　　　（弁護士は、その事件についてその医師と話し合った）
　　　I consulted a lawyer about the trouble.
　　　（私はそのトラブルについて弁護士に相談した）

③ What kind of specialties or qualifications do you have?
何か特技か資格をもっていますか？

A1 I have the qualification of STEP 1st grade. I thought that language study is indispensable in this age of globalization, so I went to a language school and obtained the qualification last year. After getting the qualification, I went abroad by myself to test my ability. While traveling, I came to realize that I could communicate in English as I listened to an

Track 75

announcement at the station and talked with other travelers.

私は英検1級をもっています。この国際化時代に、語学は必要不可欠であると思い、昨年学校に通って取りました。合格した後に、力試しのつもりで海外一人旅をしました。旅行中、駅のアナウンスを聞きとったり、他の旅行客と会話していくうちに、英語による意思疎通を実感できるようになりました。

A2 I have the qualification of 1st class of abacus which I obtained in my elementary school days. Also, my special ability is to play the piano which I have been studying for 15 years.

私は珠算1級の資格がありますが、これは、小学校時代に取得したものです。また特技は、15年間続けているピアノです。

[注意]「資格試験で○級」を表すのに、序数（first, second, third…）を用いるが、定冠詞は通例不要。例えば first grade（1級）（英検で使用）/ first class（1級）（× the first grade、× a first class）。

A3 I got 2nd Class in the Official Business Skill Test in Book-keeping. At first, my aim was to pass the test just to get a job. But as I studied for the test, I was able to gain a deeper understanding of business which went beyond what I learned at my university.

私は簿記検定2級を取得しました。最初は就職のためと思って資格を目指しました。しかし、テスト勉強を進めるにつれて、自分の専攻では学べないようなビジネスについても理解を深めることができました。

A4 I am a qualified Class C swimming instructor. This qualification was really useful for my part-time job at the fitness club as I was able to teach a lot of things to the members. Though I am a student, the members now trust me as a coach.

私は、水泳C級インストラクターです。この資格はフィットネスクラブのアルバイトでは本当に役に立ち、会員の方に多くのことを教えられるようになりました。学生の身分ではあるけれども、会員の方は私をコーチとして信頼してくれます。

A5 I am a qualified financial planner. My goal from the time I entered the university was to apply what I had learned at the university to the future. This qualification is not only helpful for this job but also for my life, so I think that it will support me both officially and privately.

私にはファイナンシャルプランナーの資格があります。大学で学んだことを将来に生かすことが、大学入学時からの目標でした。この資格はこの仕事のみならず、自分の人生にも生かすことができるので、公私にわたり自分を支えてくれる資格であると考えています。

④ What are your greatest strengths?
あなたの長所は何ですか？

A1 I'm the kind of person who likes to take on difficult challenges.

私は困難に挑戦するタイプの人間です。

A2 I enjoy solving complex problems.

私は込み入った問題を解決することが好きです。

A3 One of my greatest strengths is the ability to persevere in difficult situations.

私の長所の1つは、困難な状況でも、粘り強く取り組めることです。

A4 My greatest strengths are leadership and teamwork.

私の長所は、リーダーシップとチームワークです。

A5 I am prompt in my decisions and always think positive.

決断が早くいつもプラス思考であるところです。

A6 My greatest strength is the attitude in which I always try to work on something while thinking about more efficient and effective ways to complete the task. As I am a person who hates to lose, I spare no effort in anything I do.

私の最大の長所は、仕事を完成するのに、もっと効率的に、もっと効果的にできないかと常に考えながら取り組む姿勢です。また、負けず嫌いでもあるので、何事にも努力を惜しまないという部分も長所だと思います。

＊「負けず嫌い」は次のようにも表現できる。
　I am never content to be the second best.
　=I am never content unless I am the best.

⑤ What are your greatest faults?
あなたの一番の弱みは何ですか？

A1 I tend to get too absorbed in something. I became so enthusiastic once that the report whose deadline was coming up was left unfinished before I knew it. As a result, I had to hurry up and finish the report. To overcome this defect, I usually bring my schedule book and try to thoroughly control myself.

物事に熱中しすぎるところです。熱中しすぎるあまり、気がつくと、提出期限が迫ったレポートが未完成のままで、急いで仕上げなければならないこともありました。この短所を克服すべく、今は、スケジュール帳を持ち歩いて、自己管理を徹底することを心がけています。

＊2行目の that は so ～ that... 構文の that。

A2 My defect is to do things at my own pace, and I don't like to be bothered by other people, so people often think me unsociable. In fact, I don't have many friends. But once I come to be on good terms with people, I can have a deep relationship with them.

私の短所は、マイペースな性格であり、他人から干渉されることを好まないことです。だから、人からは付き合いにくいタイプだと思われることも多く、友人の数もあまり多くはありません。しかし、いったん親しくなると深く付き合える人間です。

語句 「親しい」を意味するイディオム
　　be on good terms with ... (=be on friendly terms with ...)
　　be friends with ... (=((口語)) be chums with ...)
　　((口語)) be pally with ... (=be pals with ...)
　　have close relations with ... (=have friendly relations with ...)

6 What are your hobbies?
趣味は何ですか？

A1 I like traveling very much.

たくさん旅行するのが好きです。

A2 My hobby is reading books, especially, detective stories. So far, I have read over 1,000 books.

私は読書が趣味です。特に推理小説が好きで、これまでに 1 千冊は読んでいます。

A3 Though not to the extent of being called a hobby, I like going to see a "kabuki" performance now and then.

趣味というほどではありませんが、ときどき歌舞伎を見に行くのが好きです。

A4 My hobby is bird-watching. Going to the mountains and watching wild birds cheers me up.

バードウオッチングが趣味です。山に入って野鳥を観察すると、元気がわいてきます。

＊ going と watching を 1 つのまとまりと捉えているので cheers となっている。

A5 I play tennis once a week for recreation.

気分転換のために、週に 1 度はテニスをします。

語句 「気分転換に…」は次のようにも表現できる。
I play tennis once a week for a change of pace. (=…for a little diversion.)

⑦ How do you spend your holidays?
休日はどのように過ごしていますか？

A1 I spend time on studies and group activities on weekdays, and I work part-time over the weekend. I meet my friends from high school when I have no part-time job. As I want to use time efficiently, I try to make my schedule before I act.

平日は学業とサークル活動に使い、週末はアルバイトをしています。アルバイトがないときは、高校時代の友人と会ったりしています。時間は有効に使いたいので、スケジュールを立てて行動するよう心がけています。

語句 spend time on … (時間を…に費やす)、spend money on … (お金を…に費やす) というように、…の個所が名詞ならば on が用いられる。

A2 As a member of a theatrical circle, I often go to the university to practice even on holidays. When the day of the performance is coming near, we sometimes practice from 10 a.m. till night.

演劇の同好会に入っているので、休日も大学に練習しに行くことが多いです。公演が近くなると、練習時間は、朝10時から夜まで続くことがあります。

A3 I sometimes play baseball with my friends from high school. After the game, we have an evaluation meeting while drinking beer.

時々ですが、高校時代の友達と一緒に野球をやります。試合後には、ビールを飲みながら、みんなで反省会をします。

A4 These days, I often go out to conduct surveys for my research and organize the collected data in order to finish my substantial graduation thesis.

最近では、内容の濃い卒論を仕上げるために、研究の実態調査で外出したり、収集したデータを整理したりして過ごすことが多くなりました。

⑧ What were you dedicated to in your college days?
学生時代に打ち込んだことは何ですか？

A1 In my college days I was dedicated to studying abroad in Germany. At first, the best I could do was to follow the lessons. However, I felt very happy to be able to speak German little by little. Through this experience, I have learned that I should just give something a try rather than giving up.

大学生活ではドイツに留学して勉学に励みました。はじめは、授業についていくだけで精一杯でしたが、徐々に話せるようになったことがとてもうれしく思えました。この経験を通して、何事も投げ出さずとにかくやってみるということを学びました。

A2 I have started doing some volunteer work because of my feeling that I would like to help people. Through the volunteer activities, I gained the confidence and courage that I could be of someone's help. From now on, I would like to service customers without forgetting this feeling.

私は人の助けになりたいという気持ちから、ボランティア活動を始めました。ボランティア活動を通して、自分が人の役に立てるという自信や勇気をもてるようになりました。これからはずっと、この気持ちを忘れずに、お客様のお役に立ちたいと考えています。

A3 I have traveled abroad many times. This is because I thought that I would like to be a person who could take a broad view of things by meeting as many people as possible and having a lot of useful experiences while young. I visited a total of 25 countries, such as the United States, Asia and Europe. As I planned a trip and accomplished it by myself, I learned to be decisive and active. Since all the problems had to be solved by myself, overcoming the difficult situations led to great confidence.

私は海外旅行をたくさんしました。これは、若いうちにできるだけいろいろな人と出会い、多くの有益なことを経験することで、幅広い視野で物事を考えられる人間になりたいと思ったからです。アメリカ、アジア、ヨーロッパなど、全部で25カ国を回りました。1人で旅行を計画し、実行していましたので、決断力と行動力が身についたと思います。また、すべての問題を1人で解決しなければならない状況でしたので、困難を克服することが大きな自信にもつながりました。

A4 Since my junior year I have been dedicated to making my homepage. As my interest in computer mechanisms deepened, I was also able to set up basic programming. I strongly hope to make a contribution to your company through this ability.

私が大学3年のときから自分のホームページ作りに打ち込んでいます。また、コンピュータの仕組みにも興味が深まるにつれ、今では簡単なプログラムも組めるようになりました。この能力を通じてぜひ御社に貢献したいと思います。

A5 I was exclusively devoted to volleyball, a group activity. I went to the university to practice volleyball even when there were no lectures. It was after I entered the university that I started volleyball. To my regret, I am not a regular player. However, I am proud of the guts and persistence I acquired through harsh practices.

大学生活は、サークルのバレーボール一辺倒の生活でした。講義がない日にも練習のために大学に行きました。私がバレーボールを始めたのは大学に入ってからです。残念ながらレギュラーではありませんが、厳しい練習を通して身につけた根性と粘り強さは私の誇りです。

＊一般に複数存在するものを否定するときは、no ＋複数名詞。「講義がない」は there is no lecture ではなく there are no lectures となる。一方、1 つしかないものを否定する場合は、no ＋単数名詞となる。→ The dog has no tail.（その犬には尾がない）/ × The dog has no tails.

9 What kind of careers do you think would be the most suitable for you?
あなたはどんな仕事に適性があると思いますか？

A1 I think I would be suitable for the careers related to dealing with people, such as sales and marketing. I am sociable and I like to talk with people. Moreover, I always set a goal and strive for it. Through a career in sales, we can have many experiences by dealing with all sorts of people. So I think it is very attractive work.

営業やマーケティングなど人と接する仕事に向いていると思います。私は、社交的で人と会って話すことが好きです。さらに、私は常に目標をもってそれに向かって努力します。営業というのは、いろいろな人と接する中で、自分も成長していける仕事でもあり、大変魅力ある仕事だと思います。

＊「成長する」を grow up と訳すと、文字通り、「子供が大人になる」というイメージが強いので、can have many experiences と意訳するとよい。

A2 I think I would be suitable for a career in General Affairs Department. I understand the General Affairs Department has the important role of supporting the operation of a company and all employees. As I'm willing to help people, I'm in charge of accounts in my group activities. Also, I am well-organized. Therefore, I believe that I would be suitable for this position.

模擬面接2 あなただけの答え方を見つける　**第8章**

総務部での仕事に適性があると思います。総務部というのは、会社全体の運営や全従業員をサポートする重要な役割をもっていると認識しています。私は世話好きで、サークル活動でも会計を担当しています。また、几帳面でもあるので、総務の仕事は自分に向いていると考えます。

＊「几帳面」は、methodical、scrupulous、meticulous のような単語もあるが、「きっちりしている」という意味では、well-organized で間に合う。

A3　I'm good at the work that requires the ability to concentrate.

私は集中力を必要とする仕事が得意です。

A4　I think that I would be suitable for working in the division of planning and development. I understand that it is required to think analytically and create something new in this division. I take pleasure in thinking about and creating something new, so I don't like to do what others do. For example, I set up a new club with my friends at my university and I am now working on a graduation thesis whose theme nobody else has challenged.

私は企画・開発部門で働くことに向いていると思います。この部門においては、物事を分析的に考え、そこから新しい何かを創造していくことが要求されると理解しております。私は新しいことを考えたり、創造していくことに喜びを感じます。よって、人の真似は嫌いです。例えば、大学では新たにサークルを友人とともに結成しましたし、誰もチャレンジしたことのない卒論のテーマに現在取り組んでいます。

⑩ What type of work would you like to do if you join our company?
入社したらどんな仕事がしたいですか？

A1　Since I majored in international trade at the university, I would like to be engaged in export and import duties in the International Department.

Track 82

第3部 仕上げ編

私は大学で国際貿易を専攻していましたので、国際部で輸出入業務をやってみたいです。

A2 I hope to take charge of purchasing products from overseas in the trade division. I have been to France to study for one year and so I know the place well. If possible, I would like to take charge of the trade with France.

私は、御社の貿易部で海外の商品の買いつけを担当したいと考えています。私はフランスに1年間留学したことがあり、土地勘もあるので、できればフランスとの貿易を担当させていただきたいとも考えています。

⑪ What are your criteria for choosing companies?
企業を選ぶ基準は何ですか？

A1 The most important criterion is whether I am compatible with the company or not.

最も重要な基準は、自分との相性です。

A2 I see the companies from the viewpoint whether they have originality or not. I'm examining whether the companies have their own original products which cannot be imitated by other companies.

独自性があるかないかという視点で会社を見ています。私は他社に真似できないオリジナル商品をもっている会社かどうかを調べています。

A3 My criterion is whether I can sympathize with the corporate philosophy or not.

企業理念に賛同できるかどうかが基準です。

A4 One of the key criteria is whether the company has the environment in which I can grow.

主な基準の1つは、その会社に、自分が成長できる環境があるかどうかということです。

A5 My criterion is to what extent the company leaves the work I want up to me. Also, I emphasize the atmosphere of a company, for example, whether the company has the working environment in which a boss and a subordinate can freely exchange opinions.

私の基準は、どれだけ自分のやりたい仕事を任せてもらえるかということです。また、上と下の者が自由に意見交換できる雰囲気があるかどうかも重視します。

A6 What I emphasize most in choosing companies is the level of their contribution to society.

私が会社を選ぶ際に重視することは、社会への貢献度です。

A7 My criterion is the growth rate of sales in the past few years. I check all the data of the companies I am interested in. Then, I take part in the recruiting fair of the companies which have rapid growth rates.

私の基準は、ここ数年の売上高の伸び率です。興味のある会社のデータをすべて調べ、伸び率の高い会社の説明会に参加するようにしています。

A8 I choose the company based on the criterion whether they give priority to quality assurance. As I would like to work as a salesperson, I try to use the goods so that I can responsibly encourage customers to buy. I hope to enter the company, the quality of whose goods I think is high.

品質保証を優先しているかどうかで会社を選びます。営業を希望する私は、お客様に責任をもって商品をおすすめできるように、自分で使ってみることにしています。私は品質がよいと思う商品のある会社を志望しております。

A9 I would like to make use of my knowledge I learned at the university. Therefore, I choose the company based on the criterion whether my specialty at the university matches the company's field of business.

第3部 仕上げ編

大学で学んだ知識を生かしたいと思っておりますので、私の大学での専門分野と企業の事業分野が一致しているかどうかを基準にしています。

＊最後の文の match の代わりに meet は使えない。meet は「条件などに見合う」という意味。meet the requirements of your company（御社の条件に合う）という形なら OK。

A10 As I majored in math and science, the essential points of choosing companies are how high technical capabilities are and how attractive the products are.

私は理系でしたので、企業の技術力がいかに高いか、生産する製品がいかに魅力的であるかが会社を選ぶ重要ポイントです。

A11 The point is how meaningful for society the business outline is. I don't think that the company should act against social morals because it prioritizes profits. The company should fulfill their social responsibility.

大事なことは業務内容がどれだけ社会的に意義のある仕事かどうかということです。収益を優先するあまり、反社会的な行為に走るような企業であってはいけないと思います。会社というものは、社会的責任を果たすべきです。

＊最後の文で their を使っているのは、company が人の集まりであることを意識した表現。もちろん、まとまったものと考えると its を用いることもできる。

⑫ For what position do you aspire?
この職種を目指したきっかけは何ですか？

A1 I worked as a door-to-door salesperson to solicit students to join a cram school. One of the staff members praised me for my good sense of sales and I actually achieved a solid performance. This is the reason why I aspire for the sales position.

私は、アルバイトで塾の生徒の訪問勧誘をしていました。私は社員の方からセンスがあるとほめていただき、自分でも手応えを感じる実績を残せました。それが、営業の仕事を目指そうと思っている理由です。

13 How do you feel about working overtime?
残業することについてどう思いますか？

A1 If the overtime work is necessary to carry out my work smoothly, I'm not reluctant to do it. I think that the company has daily and weekly business targets. In the case that I cannot achieve them, it is natural that I work overtime.

業務を円滑に進めるために必要な残業でしたら、気になりません。企業ですからその日、その週での仕事の目標があると思います。それが達成できない場合は、残業するのは当然です。

A2 As there are lots of things to remember at first, I would like to learn my work as quickly as possible, even if that means working overtime. Even after learning my trade, if the customer needs me during out of office hours, it becomes necessary to work overtime.

最初は覚えておかなければならないこともたくさんありますので、たとえ残業してでも1日でも早く仕事を身につけたいと思います。また、仕事を覚えてからも、お客様が自分を必要とする時間が勤務時間外であれば、当然残業することも必要になってくると思います。

語句 「勤務時間外に」は out of office hours の前に during をつけたほうが、意味が明確になる。なお、次の表現も重要。
　　　I am off duty now.（私は今勤務時間外だ）
　　　I am on duty now.（私は今勤務時間中だ）

第3部 仕上げ編

14 Do you understand that the work at our company is tough?
当社の仕事はハードですよ

A1 Of course I do. They say that the work at trading companies is tough. Because it's demanding, I take great pleasure in it when I achieve the target. As I completed a half-marathon held at the university three times, I am confident of my physical strength.

はい、承知しております。商社の仕事がハードなのは、どこでも言われていることです。厳しいからこそ、目標を達成したときの喜びも大きいです。私は大学主催のハーフマラソン大会で3度も完走したくらいですから、体力には自信があります。

A2 Because I can do the work I want to do, I don't mind doing a little hard work. I am sure I will be able to become a member of your company if I get to handle hard tasks in my own way.

自分の好きな仕事をさせていただくのですから、少しぐらい仕事がきつくても気になりません。きつい仕事を自分なりの方法でやり遂げられるようになってこそ、御社の一員になれるのだと考えています。

15 What is the difference between working people and students?
社会人と学生の違いは何ですか？

A1 I think that students still have a tendency to be easy going. They take it easy when working part-time as it is not lifelong work. In their mind, they think that they can quit a job anytime. On the other hand, such way of thinking does not apply to working people. In each field, they are required to work professionally and have responsibility. For that reason in particular, I think that they feel great pleasure when they have carried out their duties.

学生の心には、やはり甘えがあると思います。アルバイトをしていても、一生の仕事ではないから気持ちは楽です。いつでも辞められるという考えが心の中にあります。一方、社会人にはそんな甘えは通用しません。それぞれの分野でプロとしての仕事を要求され責任があります。それだけに、仕事を達成したときの喜びは格別だと思います。

＊「そんな甘え」において「甘え」を強調した英訳は、such frame of mind of dependence だが、やや大げさな表現。

A2 The alumnus of my college who works for your company told me that the company is like a team competition. In the case of students, if someone disturbs the teamwork, his or her friends may tolerate the behavior. However, it is not the case with working people. I think that working people need to think carefully about the role they play in the organization before they act.

会社とはスポーツなどの団体競技のようなものだ、と御社に勤務する大学のOBの方が言っておられました。学生の場合は、多少チームワークを乱す人がいても周囲の友達は寛大に見てくれるかも知れませんが、社会人は、そうはいきません。組織の中で、自分が果たす役割をよく考えてから行動する必要があると思います。

注意 「社会人」を直訳して social person とか society man とすると間違い。working people がよい。「社会」の部分を強調した英語表現は、a (working) member of society。また、「社会人になる」は join adult society と表現できる。

⑯ Do you read a newspaper every day?
新聞は毎日読みますか？

A1 I read an English language newspaper as well as the so-called general newspaper. Since I wanted to become skilled in current English, I decided to read an English newspaper. Recently, I have finally become able to understand the contents of an article without a dictionary.

第3部 仕上げ編

一般紙に加えて英字新聞も読んでいます。時事英語に強くなりたかったので、英字新聞を読むことに決めました。最近やっと辞書なしで記事の内容が理解できるようになりました。

注意 アメリカにおいては、国が広すぎるということもあり、新聞は local newspaper（地方紙）が主流で、日本でいう「一般紙」（＝全国紙）という発想はあまりないので、general newspaper という言い方は定着していない。従って、そのような場合は、the so-called のような表現をかぶせておくとよい。

A2 Yes, I read one every day. I mark off interesting articles and the ones about your company and cut them out later. I classify the articles cut out of the newspaper item by item and store them in a binder.

はい、毎日読んでおります。面白い記事、御社に関する記事などはチェックしておいて、後で切り抜くようにしています。切り抜いた記事は、項目別に整理してバインダーにまとめています。

語句 「項目別に」は item by item 以外に、itemize（箇条書きにする）という動詞を用いることができる。
　　　I itemize the articles cut out of the newspaper.
　　　（私は項目別に切り抜いた記事を分類します）

⑰ Why would you like to work for us?
なぜ当社に応募したのですか？

A1 Because I got attracted by your system in which all employees have an opportunity to take part in an annual appraisal interview with their superior. I believe that I can work positively to learn my deficiencies directly from my superior and understand myself.

Track 89

全社員が年1回の上司との評価面談を受ける機会をもてるという御社の制度にひかれたからです。自分の足りないところを上司から直接聞けることで、前向きに働いていけると考えています。

＊get attracted to ...も「...に魅力を感じる」の意味。つまり、byの代わりにtoも使える。

A2 I am interested in your in-house system which allows me to choose the post to be assigned. I think that it gives me great pleasure to do the work of my choice. I will try to spend 3 years in a variety of posts which I have interest in. From the fourth year, I will choose my specialty and go with it.

御社の配属部署を希望できる社内制度に興味をもっております。自分の希望する仕事ができるというのは大きな喜びになると思います。私は、3年間は興味がある部署をいろいろ経験してみて、4年目からは、自分の専門分野を決め、その仕事に打ち込んでいきたいと考えています。

A3 I like your company's products. Your products have formed a basis of my lifestyle. I did some research on your company before applying for this position. I was impressed by your outstanding capacity for technological development and I thought that I would like to work for an advanced company like yours.

御社の製品が好きだからです。御社の製品は私のライフスタイルの基本でした。応募するにあたり、会社研究をしたところ、御社の技術開発力の高さにも驚きました。御社のような先進の企業で働きたいと思いました。

＊「御社のような先進の企業」は an advanced company like yours で、the advanced company like you とはならない。yours はもちろん your company を言い換えたもので、先進の企業はほかにもあるから不定冠詞をつけておくのがふつう。

A4 The reason why I would like to work for your company is that I sympathize with your way of thinking in producing clothes. I understand that the designs of your brand are basically sturdy and keep us interested. I feel sympathy toward your attitude not merely to follow fashion but to think about the person who wears it. I would like to promote your wonderful idea in the field of children's clothing.

応募の理由は、御社の服作りの考え方に共感するからです。御社のブランドは、丈夫で飽きのこないデザインが基本であると理解しています。流行ばかりを追うのではなく、着る人のことを考えた御社の姿勢には、共感を覚えます。私は、子供服の分野で、御社のこの素晴らしい考えを広めていきたいと考えています。

語句 feel sympathy toward/with ... …に共感を覚える
　　　feel sympathy for ... …に同情の念がわく　cf. feel for 人（人に同情する）

A5 I think that I would like to do the kind of job that can support people's lives. Medicine gets rid of pain and suffering, and is indispensable for our life. Because I had a weak constitution when I was a child, your medicine got me through my illnesses. Therefore, I would like to provide your medicine to as many people as possible as MR.

私は、人々の生活の支えになる仕事をしたいと考えております。薬というのは、痛みや苦しみを取り除き、人々が生活する上でなくてはならないものです。私は、小さいころ病弱でしたので、御社の薬に大変助けられました。だからこそ、今度はMRとして御社の薬を1人でも多くの人に届けたいと思います。

＊「病弱」は have a weak constitution 以外に be very delicate とも訳せる。なお、「病弱な子供」は a sickly child、「生まれつき病弱」は be born weak や be sickly from birth で表せる。

＊MR とは medical representative の略で「医薬情報担当者」と訳される。薬についての知識や情報を医師や薬剤師に提供する製薬メーカーの営業担当者のこと。

A6 I would like to test my ability at your company which developed in the computer market. I firmly believe that I am suitable for your company which evaluates employees based on their abilities as you are a foreign corporation and don't have an old school tie network.

コンピュータ市場で発展する御社で、自分の実力を試してみたいと思います。また、御社は外資系企業ということで、学閥もなく、実力本位で社員を評価してくださるという点で、私は御社に向いていると確信しております。

＊「学閥」は一般には、an old-boy network、an old school tie (network)、（学派における学閥の場合）an academic faction、academic clique などの表現がある。

18 How did you become interested in this business field?
どうしてこの業界に興味をもつようになったのですか？

A1 Through the experience of my part-time job as a cram school teacher, I realized that I like teaching. This is the reason why I aspire to the education industry.

私はアルバイトで塾の講師をしていた経験があり、この経験を通して、自分は人に教えることが好きであると気づきました。これが、教育産業を目指すようになったきっかけです。

A2 I used to watch my father work when I was a child. I began to feel that I wanted to have a job which allows me to deal with the world as he did.

父の働く姿を子供のころから見ていて、自分も同じように世界を相手にする仕事がしたいと思うようになったからです。

A3 I became interested in this field because I wanted to link the knowledge I had learned at the university to the job. I had been interested in and wanted to work in this business field since I was a high school student. That's the very reason why I entered the economics department.

この業界に興味をもったきっかけは、大学で学んだ知識を仕事に結びつけたいと考えたからです。高校のころから、この業界への興味があり、また就職を希望していました。このことが経済学部に入学するきっかけになりました。

第3部 仕上げ編

19 What do you expect from us if you enter our company?
入社して会社に何を求めますか？

A1 I would appreciate it if I could have a lot of chances to talk with my superiors. Of course, I will voluntarily seize as many chances as possible. I would like to gain some hints related to my job by listening to the experiences of my superiors.

上司と話す機会をたくさんいただければと思います。もちろん自分からも積極的に機会を作っていくつもりでいます。そして、上司から多くの体験談を聞き、そこから自分の仕事に関するヒントをたくさん見つけていきたいと思っています。

＊「…の体験談を聞く」は listen to the experiences of … とするとよい。hearing を用いると話にしっかり耳を傾けていることを暗示しない。音楽など気楽に聞く、あるいは、聞こえてくるものをなんとなく聞く場合は、hear が最適。だから、若干極端だが、次のような言い回しがある。
　You are just hearing, but not listening.
　（君はボーッと聞いているだけだね（＝上の空って感じだね））

20 What do you think is needed when you get into the business world?
社会に出るには何が必要だと思いますか？

A1 I think the most important thing is that we realize that we live in a close relationship with people around us. So I think it necessary to think about the influences we will have on others before we act. For example, my error on the job may not be something I can solve all by myself, and it may trouble my superior and even customers. Therefore, I will try my best not to be carefree and I'll take responsibility for my actions.

一番重要なことは、自分が周囲と密接な関係の中で生活していると自覚することだと考えます。従って、行動を起こす前に、まず周囲へ与える影響を考えることが必要であると思います。例えば、仕事における自分のミスは、自分だけで解決できないもので、上司、さらには、お客様にまで迷惑をかけることもあります。だから、安易な考えをもたないよう、気を引き締めて、自らの行動には責任ある態度で臨みたいと思います。

語句 not to be carefree 安易な考えをもたないよう
　　 try my best 気を引き締める

＊「気を引き締める」の意味の少し高度な表現は、brace oneself、pull oneself together、get focused がある。なお、次の表現にも注意しておこう。
　　She kept her subordinates under tight control.
　　（彼女は部下を引き締めて統率した）
　　The bank tightened up on credit.
　　（その銀行は信用貸しを引き締めた）

㉑ What would you like to accomplish in your life?
人生で何を成し遂げたいですか？

A1 What I would like to accomplish in my life is to become the person who is counted on by others. So if I am asked for advice by someone, I always try to have the attitude to lend an ear to him or her however busy I am. In the future, I want to be the kind of superior who is beloved of subordinates.

私が人生で成し遂げたいのは、人から頼りにされる人間になるということです。そのために、人から相談されれば、どんなに忙しくても時間をとって相談に乗る姿勢を常にもっていようと思います。将来は、部下から慕われるような上司になるのが、目標です。

＊ be beloved of は be beloved by とも言える。

第3部 仕上げ編

22. What would you do if you got married?
結婚したら、どうするつもりですか？

A1 My goals for becoming a member of society are both to get married and then settle down and to establish a responsible position in the company. Therefore, I would like to make preparations to cooperate with my parents and husband.

私の社会人になるにあたっての目標は、結婚して家庭を築くことと、会社において責任あるポジションを築いていくことの両方です。そのためにも、親や夫と協力し合える態勢を築いていきたいと考えております。

A2 Of course, I am willing to continue my career. I think that I can understand the profundity and the attraction of the career only by continuing it for a long time.

もちろん仕事を続けたいと思っています。仕事とは、長く続けてこそ、はじめてその奥深さや面白さがわかると思うからです。

23. Do you have a preferred work location?
希望の勤務地はありますか？

A1 As I have grown up in my hometown, I have lots of acquaintances there. Therefore, I would like to link this human network to my career.

地元でずっと育ってきたので、知り合いもたくさんおります。だから、できればその人脈を仕事に結びつけたいと思います。

模擬面接2 あなただけの答え方を見つける　第8章

㉔ What are your career objectives?
あなたの働く目的は何ですか？

A1 My career objective is to make a contribution to society through my career. As we do not live alone, we should not forget to have a sense of gratitude. If my ability helps people around me to feel happy, it is most rewarding for me.

働く目的は、仕事を通して社会に貢献していくことです。人は自分1人で生きているわけではないので、感謝の気持ちを忘れてはならないと思います。まわりの人を幸せにするために、自分の力が少しでも役に立てれば、それが私のやりがいのある仕事になると思います。

語句 「やりがいのある仕事」は a rewarding job 以外に、a job worth doing や a soul-enriching job などで表せる。また、次の表現にも注目しよう。
Having an incompetent boss will rob one of the will to work.
（無能な上司の下では仕事のやりがいがなくなるものだ）

A2 I wanted to work on the international stage as a child, so I studied international law at the university and studied abroad in England for a short time. I would like to be a real cosmopolitan by meeting as many people as possible through working for your international company.

私は小さいころから、国際舞台で働きたいと思っていましたので、大学では国際法を学び、またイギリスに短期留学もしました。国際的企業である御社で仕事をすることで、できるだけ多くの人と出会い、真の国際人になりたいと考えています。

＊「国際人」は a cosmopolitan 以外に an internationally-minded person とも表せる。

25 What was college life to you?
あなたにとって、大学生活とは何でしたか？

A1 College life was the period to find what kind of job I want to get in the future. To find the answer to this question, I read books, talked with friends, did some part-time work and traveled in my university days. Then, what I noticed was, I liked to deal with people. The reason why I chose the job at a department store is that I wanted to meet lots of people and mature as a person through a sales job.

Track 97

大学生活とは、自分が将来どんな仕事に就きたいかを見つけるための期間でした。大学時代、私はその答えを見つけるために、本を読み、友達と話し、アルバイトも旅行もしました。そうしてわかったのは、私は人と接するのが好きだということでした。百貨店での仕事を選んだのも、販売という仕事を通して、多くの人と出会い、自分自身も人間的に成長していきたいと考えたからです。

* What I noticed was, ... の形、つまり、What で始まり、コンマの後、文がくるという形もよく用いられる。これは比較的口語といえる。もちろん、What I noticed was that ...も堅い表現だが OK。
* mature は動詞で「成熟する」の意味。

A2 When I think back, college life was the period which allowed me to grow in multiples. Until I graduated from high school, I had a narrow view of things as I was busy with preparation for entrance exams. After entering the university, I think that I could mature as a person through a variety of experiences in group activities and part-time jobs.

振り返って考えてみると、自分を何倍にも成長させてくれた期間でした。高校を卒業するまでは、受験勉強に追われるばかりで、とても視野の狭い人間でした。大学に入ってからは、サークル活動やアルバイトなどでのいろいろな経験を通じて、人間的に成長できたと思います。

* 「何倍も成長する」は grow in multiples で、up は不要。grow up の形は、文字通り大人になるイメージがあるから。

26 What is the most important thing in your daily life?
日々の生活で一番大切にしていることはありますか？

A1 I try to be curious about everything and keep a positive attitude. If we see something which we usually think as natural with curiosity, we can find different aspects of it. I think it's important to see things with a supple mind, while discarding prejudice. In my career, I would like to keep this attitude in mind.

何事にも好奇心と前向きな姿勢をもち続けていたいと思います。日ごろ当たり前だと思っていることも好奇心をもって見ると、また違った側面が見えてくると思います。先入観を捨て、素直な心で物事を見るのも大切だと考えています。仕事においても、こういう姿勢を忘れずにいたいと思います。

語句 supple mind 順応性のある、柔軟な、素直な心

A2 Though my answer may be very typical, I think consideration towards others is most important. I think that consideration means that we always think what we can do for others. For example, in the case of the hospitality industry, we cannot give customers good advice about shopping without consideration toward them.

ありきたりかもしれませんが、人への思いやりの心が非常に大切だと思います。思いやりの心とは、相手に対していったい自分は何ができるのかを常に考えることです。例えば接客業でもお客様を思いやる気持ちがなければ、よい買い物のアドバイスはできないと思います。

＊「Aに対して何ができるのか」の訳で、Aが利益を受ける場合は what we can do for A、相手が損害を被る可能性を暗示するのは what we can do to A。for と to の違いに注意。

A3 What I think is important is that I always behave cheerfully. My mother did the housework and raised children while continuing her career after marriage. She always behaved cheerfully so as not to make our family become morose, though she sometimes seemed to be tired from work. Therefore, I would like to emulate my mother.

私が一番大切にしていることは、いつも明るく振る舞うことです。私の母は結婚後も仕事を続けながら、家事も子育てもこなしていました。時には仕事で疲れているように見えることもありましたが、家庭が暗くならないよう、いつも明るく振る舞っていました。だから、私はそんな母を見習いたいと思っています。

語句 morose 陰気な感じの、むっつりした、不機嫌の
* dark または darkened などは物理的な暗さを意味するので「暗くなる」の意では使えない。emulate は「…を見習う、模倣する、…に匹敵する」の意味。

㉗ Do you have any questions?
質問はありますか？

A1 Not particularly. But when can we expect to be informed of the outcome of this job interview?

特にありませんが、結果についてのご連絡はいつごろいただけるのでしょうか？

語句「特にありません」は Nothing in particular. とも表現できる。

終章
コミュニケーションの4レベルと有益な面接のための5つの方法

　最後に、英語面接に必要な英語力をさらに向上させるために、コミュニケーションのレベルに触れて、一歩進んだユニークな面接技法を学びましょう。

コミュニケーションのレベル

　「しゃべる」ということに関係する基本英単語には、say と tell と talk と speak の4つがありますが、この単語は、コミュニケーションのレベルを象徴していると私は考えています。say、tell、talk、speak の順にレベルが上がるのです。つまり、コミュニケーションには、say の段階から speak の段階まで存在するのです。それぞれのレベルを表にまとめてみましょう。

段階	解説	資格試験のレベル 英検	資格試験のレベル TOEIC	その段階までの時間
SAY 段階	say hello という表現に代表されるように、種々の状況における挨拶ができる段階	3級以下	400以下	3週間
TELL 段階	tell me the way to... という表現があるように、最低限の日常会話が何とかできる段階	2級	405〜600	必死になって3カ月
TALK 段階	Talk with 人 about 事... という表現にあるように、人と情報や意見の交換が何とかできる段階	準1級	605〜895	3年
SPEAK 段階	speak to the point（ポイントを突いた話をする）の表現に代表されるように、内容のあるスピーチを論理的に展開できる段階	1級	900以上	完璧になるには30年

「英語による面接力アップ」が主目的である本書は、主として TELL レベル以上の方を対象に、SPEAK レベル以上を目指すことを奨励しています。

さて、TELL と SPEAK の中間である TALK というレベルは、have a talk（ちょっと話をする）という表現があるように、気楽に話ができることを暗示します。しかし、別に中身が詰まった、内容のしっかりしたものでなくてもいいのです。これに対し、speak には、make a speech（演説を行う）という表現がありますね。これは、人前でしっかりした内容を話すことが求められます。speech は make を用いますが、これはゼロから物を生み出すので努力が要ることを暗示します（実際、「努力する」は make an effort といいますね）。だから、次のような表現も存在します。

　　You are just talking, but not speaking.
　　（ただしゃべっているだけで内容がないね）

面接では「内容のあるもの」を話す必要があるので、SPEAK のレベルを目指すのが望ましいのはわかりますね。

コミュニケーションの5つのパターン

面接とは、面接官（interviewer）と面接者（interviewee）の2者間におけるコミュニケーションです。そのコミュニケーションにどのようなパターンがあるかを考えてみましょう。

一般に、コミュニケーションの最小単位は、自分と相手の2人です。相手を意識してコミュニケーションを図るという観点から、コミュニケーションは5つのパターンに分かれると私は考えています。その5つを、中国の陰陽五行説における5つの元素（木火土金水）を用いて表にしてみましょう。

パターン	キーワード	説明
木のパターン	Logic 賢さ	木は、原因（根）から展開（幹）して、さまざまな事象（葉）が現れるように、論理性を暗示する。論理的な「知」（=mind）のコミュニケーションで、相手の理性に訴える。

火のパターン	Anger 厳しさ	火は、怒りを象徴する。理論でわからない人に対し、強い感情で理解させるコミュニケーション。木の Logos に対し、火は Pathos を象徴し、相手の感情に訴える。
土のパターン	Topic 面白さ	土は、いろいろな物を含む包容力があり、そこから内容を暗示する。内容を重視するコミュニケーション。内容が面白くないと相手は退屈するので、普段からの情報収集が重要である。
金のパターン	Strategy 易しさ	黄金律のような言い方があるように、土の内容重視に対し、話の手段を重視する。金言という言葉があるように、言葉をたくみに操り、話のわかりやすさを最重要課題にする。
水のパターン	Kindness 優しさ	水はどこにでも流れるので、柔軟性を暗示する。火の怒りに対し、水は優しい。時に議論では相手を思いやる話し方が大切だが、これは水のパターン。木の「知」に対し水は「情」（heart）。

　これら5つのパターンをバランスよく組み合わせるとコミュニケーションは成功します。これらのコミュニケーションパターンの英語のキーワードの頭文字を適当に並べると、不思議なことに、TALKS という単語が浮かび上がります。
　具体例をいくつか示しましょう。例えば、「あなたの考えは甘い」ということを言うのにも、上の5つの手法があります。

① 木のパターン
　Your idea is not good, because it is not workable.
　（あなたの考えはよくありません。なぜなら実行不可能だからです）
　　木の手法では、単に論理性だけを追求し、不要なことは一切言いません。

② 火のパターン
　Your idea is totally unacceptable; I cannot understand why you think that way.
　（あなたのお考えはまったく受け入れることができないですね。なぜそのようにお考えなのか理解できません）

火の手法では、感情をそのまま相手にぶつけます。そのことで、相手の心を動かすことを狙います。強調の表現を用いることも多いです。

③ 土のパターン

Your idea is idealistic but not realistic. I know a person who has a similar idea to yours. Let me tell you why his idea actually failed to solve the problem.
（あなたのお考えは理想的ですが、現実的ではありません。私はあなたと同じような考えの人を知っています。なぜ彼の考えでその問題が解決できなかったかを述べましょう）

土の手法では、相手の知らない情報を伝えて、相手を説得します。内容で勝負というわけです。

④ 金のパターン

Your idea is a pie in the sky. Trying to carry out your plan is like squaring a circle or crying for the moon. It is simply impossible.
（あなたの考えは絵に描いたもちです。その計画を実行しようとすることは、丸を四角にする、または、月が欲しいと泣いているようなものです。まったく不可能です）

金の手法は、言葉をうまく用いて、相手を説得する方法です。イディオムなどを使ったり、言葉遊びを使ったりします。

⑤ 水のパターン

I understand what you are thinking about and you are right in a sense, but it seems to me that it is a little bit hard to put it into practice.
（あなたのおっしゃっていることは理解できますし、ある意味では正しいですが、私には、それを実行することが少し難しいのではないかと感じます）

水の手法は、相手に譲歩し、できるだけ優しい言葉で相手を説得します。

上記の５パターンは、もちろん、面接にも応用できます。例えば、面接で基本的な部分である自己紹介を例にとりましょう。

パターン	キーワード	説明＋例文
木のパターン	Logic 賢さ	論理的で理性的な自己紹介 I am Takayuki Ishii. I live in Hirakata, Osaka. My hobbies include India-ink drawing and bird-watching.（私は石井隆之です。大阪府枚方市に住んでいます。趣味は水墨画とバードウオッチングです） ※通常の自己紹介ですが、趣味などがユニークだと注目を浴びます。
火のパターン	Anger 厳しさ	情熱的で感性的な自己紹介 My English is not at all satisfactory now, but I will make every possible effort to become a perfect speaker of English in the near future.（英語力は今は全く不十分ですが、近い将来、英語が完璧に喋れるように必死に努力します） ※自分に厳しい表現を用いています。
土のパターン	Topic 面白さ	内容の面白さを重視した自己紹介 I have my foreign friends call me TAC because someone once called me TAKOYAKI.（以前タコヤキを呼ばれたことがあるので、私は外国人の友人にタックと呼ばせています） ※ジョークを言いながら、暗に外国人の友人がいることを示しています。筆者の first name は「隆之」で実際「タコヤキ」と呼ばれたことがあります！
金のパターン	Strategy 易しさ	形式（言い方）を重視した自己紹介 I tend to make a short story long rather than to make a long story short.（私は話を簡潔にするというよりも長話になる傾向があります） ※自分の弱点を言葉の言い方（イディオムなど）を駆使して、エレガントに表現しています。
水のパターン	Kindness 優しさ	プラス思考で楽観的で、優しい心をもった自己紹介 I am always a very lucky person because all the people I meet in my life happen to be kind to me.（私は非常に幸運な人間です。というのは、人生で出会う人はみんな私に優しいんですよ） ※「人が自分に優しい」と発想する人は、自らも優しい人ですね。これは、「あなたは運がいいほうですか？」という質問に最適の回答です。

付録1：面接直前チェックリスト

■前日まで

☐ 応募先の情報をインプットする

　会社の沿革、理念・社風、経営陣、財務状況、製品・サービス、顧客層、業界・市場、特に強調している経営理念、キャッチフレーズ、目玉商品・サービスなど、話題として出せる内容のものをしっかりと覚えておきましょう。

☐ 当日の持ち物を前日に用意しておく

　訪問先から指示があった物はもちろん、スマホ・ハンカチ・ティッシュ・手帳・筆記具・腕時計（携帯・スマホでも時間はわかるが、あったほうが望ましい。ただしブランド品で派手なものを避ける）を準備しておきましょう。

☐ 健康管理に気をつける

　風邪を引かないように気をつけましょう。風邪ぐらいと思わずに、面接1週間前は特に、帰宅後手洗いとうがいを励行しましょう。暴飲暴食を避け、病気だけでなく、怪我をしないように慎重に行動しましょう。

■面接当日

☐ 身だしなみに気をつける

　面接では第一印象が採用決定要因の55％を占めるという法則もあるほど重要です。第一印象が悪いと面接は極めて不利ということです。

　男性　スーツは紺（グレーは大丈夫）、ネクタイは奇抜なものは避け、ワイシャツ（シミや皺がないこと）は白が基本です。靴は黒、靴下はスーツと同系色に。髪の色は黒が基本、長い髪は避けます。髭は剃っておくのが望ましいですが、問題ないと思われる会社であればOK。夕方の面接であれば、髭の濃い人は、最寄り

駅などで剃っておくとよいでしょう。アクセサリーは結婚指輪以外は外しておきます。カバンはＡ４サイズの書類が入るシンプルなものにします。遠方から来た場合のキャリーバックなどは最寄り駅のロッカーに預けましょう。

女性　スーツは黒、紺またはグレー。スカートが基本ですがパンツもOK。黒のタイツ・ストッキングはNGです。スカートの丈は、立ったときに膝が半分隠れる程度にします。髪は黒がベストです。ロングヘアはしっかり結び、お辞儀をする際、髪の毛が顔にかからないように。メイクはナチュラルメイクが基本。口紅は唇の色に近いものが望ましいですが、常識の範囲内にします。アクセサリーは１点程度。バッグは黒を基本とし、Ａ４サイズの書類が入るシンプルなものにします。靴は黒で、ヒールの高さは５センチ前後にしましょう。

共通　髪に寝癖があれば直しておくこと。派手なメガネは避け、レンズをきれいにしておくこと。爪は切っておくこと（書類を渡す際にチェックされる可能性があります）。

☐トイレは最寄り駅などで済ませる

訪問先のトイレを利用することも可能ですが、場所がわからず慌てているところを誰かに見られると印象が悪くなる可能性があります。訪問先の最寄り駅などで済ませておきましょう。

☐遅刻しないよう15分前に到着する

社会人として、遅刻は厳禁。そのためには15分前に家（または宿泊先）を出るのではなく、約束の１時間30分前に到着するぐらいの時刻に出るとよいでしょう。電車の遅延など、途中で何が起こるかわからないからです。早く着いたら、カフェなどで面接で言うべきことを再確認することに時間を使いましょう。しっかりと心の準備をしておくことです。

■面接会場で

☐ **面接以外の場所では大きな声を出さない**
友人と来ていても、大きな声で会話をしない。知人に出会っても大きな声で会話をしない。

☐ **ペットボトルを持ち込まない**
ペットボトルを持ち込まないようにしましょう。のどの渇きをいやすのに水筒を利用し、水筒に付属のカップを利用して飲むのが望ましいです。

☐ **イヤホンで音楽を聞かない**
特に、控室では音楽を聞かない。音が漏れると印象が悪いです。また、面接に呼び出されたときに気づかないと大問題です。

☐ **スマホをいじらない**
インターネットで情報を探したりメールを確認するのはかまいませんが、ゲームに集中していると呼び出しに応じられない危険性があります。

☐ **化粧直しは化粧室で**
控室から出て化粧室を探す場合、控室担当の方にていねいに聞きましょう。勝手に出ていかないようにしましょう。

☐ **待ち時間の間に面接の「6C」を再確認する**
・Clean（きれい）であれ
髪型が乱れていないか、スーツのボタンは留まっているか、フケが肩などに落ちていないか、ネクタイが緩んでいないか、ポケットから何かはみ出していないか、靴が汚れていないか、靴紐がほどけていないかチェックしましょう。
・Clear（はっきり）とせよ
質問には、はっきりとした大きい声で答えましょう。声はかすれないように（もともとハスキーであれば気にする必要はありません）。

・Compact（簡潔）であれ

　質問には簡潔に答えましょう。ただ、単純すぎる答え方もNGです。名前の確認など簡単な質問以外は、「1文＋その理由や補足説明」となるのが望ましいです。30秒から1、2分程度が目安になります。

・Consistent（一貫性）をもて

　回答が首尾一貫していることが重要です。そのためには、覚えてきたことを言うのではなく、しっかりと考えて発言することが重要です。

・Calm（落ち着き）をもて

　余裕をもった穏やかな回答を心がけましょう。難しい質問や意外な質問にパニックになると危険です。

・Confident（自信）をもて

　最後は自信がものを言います。たとえ失敗したと思っても、堂々としましょう。面接室を出るとき、肩を落として溜息でもつこうものなら、これまでの印象が台無しです。最後は、自信に満ちた顔で、元気よく、堂々と！

■入室の際

☐ノックは基本的には3回

　ノックは、3回が部屋に入ることの確認、2回が部屋に人がいるかどうかの確認（トイレなど）とされています。ドアが開いているときノックは不要です。

☐ドアを少し開けて大きな声で「失礼いたします」

　面接官の目を見てあいさつします。複数いる場合は中央の人を見ます。

☐ドアを静かに閉める

　面接官に背を向けず、斜めの立ち位置にします。

付録1 面接直前チェックリスト

☐ 面接官の方に向いて一礼（原則30度）し、「よろしくお願いします」

はじめから英語が要求されている場合は、I am here for the 2 o'clock interview. などと簡単に述べます。そこで自己紹介をする必要はありません。

☐ 姿勢よく歩き、椅子の横に立ち指示を待つ

大学名と氏名を聞かれたらはっきりと答えて一礼（原則45度）し、腰かけるよう指示されたら「失礼いたします」と一礼（15度）してから着席します。面接終了後は、椅子の横に立って「失礼いたします」と一礼（45度）、ドアまで姿勢よく歩き、ドアの近くで再度「失礼いたします」と一礼（45度）して部屋を出ます。ドアの開け閉めでは音をたてないようにします。

付録2 :「言ってはいけない」NG 集

いくら外資系企業ではっきりモノを言う文化があるといっても、採用面接では言ってはならないタブーがあります。チャンスをみすみす逃さないように、最低限のマナーはおさえておきましょう。

❶ 「給料について教えてください」
How much does this job pay?

特に給与や待遇については積極的に聞いてはいけません。印象が悪くなります。「給与に関心はありますか？」などと聞かれたら、希望額を述べるのもいいですが、「むしろ挑戦しがいのある仕事に関心があります」などとかわすのも一法です。

❷ 「考える時間をください」
Give me some time to think about it.

難しい質問に対して、考える時間を求めることは問題ありません。「じっくりと考察した回答をしたいので少し考える時間をいただけますか？」と答えることは悪くありません。しかし、「日曜出勤 OK ですか？」「海外に転勤になる可能性がありますがいいですか？」といった質問に躊躇しないようにしましょう。

❸ 「未熟者ですが…」
I am not so skillful at..., but ～

謙遜は禁物です。たとえ未熟者であっても、それを口に出さないことです。向こうもわかっていますから、あえて自ら告白することはありません。何事にも自信をもって対処しましょう。

❹ 「TOEIC スコアが低いですが、頑張ります」
I will do my best though my TOEIC score is low.

「頑張ります」を付け加えれば許されるという発想はやめましょう。TOEIC スコアを正直に述べることはありません。また、高得点（900 点以上）でも自慢するような発言は避けましょう。

付録2 「言ってはいけない」NG集

5 「御社しか受けていません」
Your company is the only place I applied for a job at.

ほかの会社も受けている場合は、正直に述べておくことが重要です。業界内で実際に応募者がわかる場合があります。もし他社を受けていることがわかった場合は嘘をついているのがばれてしまい、極めて印象が悪くなります。

6 「実は、御社は第1志望ではありません」
Well, actually, your company wasn't my first choice.

たとえ第2、第3志望であっても、第1志望だと言っておきましょう。第2志望だと言われたほうも、採用する気がなくなります。

7 「社会貢献がしたい」
I want to contribute to our society.

誰にでも言えそうなことは避けます。「社会貢献がしたい」と言うのであれば、具体的にどうしたいのかをしっかり言えるようにしましょう。

8 「御社で成長したい」
I want to improve myself through this company.

きれいに聞こえますが、よほどもっともな理由を挙げない限り、ほかのライバルたちとさほど変わらないと判断されます。

9 「人とかかわる仕事がしたい」
I want to have a job in which I work with people.

仕事をしている限り、多かれ少なかれ人とかかわります。日本人が好んで使うこの表現は、やや抽象的な印象を与えます。具体的な例を挙げられないなら、安易に口にするのは避けたほうがよいでしょう。

付録3：面接後にアピールするサンキューレターの書き方

「面接でベストは尽くした、あとは運を天に任せるのみ…もし今日の面接が本命だったなら、まだできることはあります。それがサンキューレターです。お礼状なんて見てもらえないんじゃ…いえいえ、書き方ひとつで面接で伝えられなかった情報を補足し、あなたの熱意を伝える最後の一押しになるかもしれません。ライバルはもうやっているかもしれませんよ。

Q　サンキューレターを書く利点は？

A
その1　やる気をアピールできる。
その2　自分自身をもっと知ってもらえる。
その3　英語力をアピールできる。

Q　何をどのくらい、どのように書けばいいの？

A　できるだけ多くの情報を入れ、2ページに収まるようにするとよいでしょう。書くべき内容は次の通りです。順番に示しましょう。⑫と⑬はなくても可。

Q　サンキューレターは手書きがいいの？　メールがいいの？

A　面接後、伝えきれなかったことを補足したいなら早く伝わるメールのほうがよいでしょう。よりていねいさが伝わるのは手紙です。
　出すタイミングは、面接当日か、遅くとも翌日まで。メールはすぐに届きますが、郵送だと採用担当者に届くのが翌日以降になります。

以下、手紙の場合のサンキューレターの書き方をご紹介します。

付録3 面接後にアピールするサンキューレターの書き方

　　　　　　　　　　　　　　　　　　　　　①差出人の住所

　　　　　　　　　　　　　　　　　　　　　②氏名

　　　　　　　　　　　　　　　　　　　　　③日付

④受取人の氏名

⑤役職

⑥社名

⑦受取人の住所

⑧敬辞

⑨面接をしていただいたことに対する感謝の言葉を述べる

⑩面接後新たに知って感銘を受けたことを述べる

⑪面接後も応募職種に対する興味が継続していることを表明する

⑫面接時に言い忘れたことを述べる

⑬面接時に間違ったことを述べた場合、訂正の言葉を述べる

⑭総合的に判断して、やはり自分はこの会社にとって必要な人材であるという強い思いを述べる

⑮再度感謝の言葉と返信の期待の言葉を述べる

　　　　　　　　　　　　　　　　　　　　　⑯結辞

　　　　　　　　　　　　　　　　　　　　　⑰氏名

　　　　　　　　　　　　　　　　　　　　　⑱氏名の署名

＊①と⑦の住所：1行目→番地、居住番号、町村名、丁目など
　　　　　　　　2行目→郡市区名、都道府県名、郵便番号
＊③の日付：アメリカ式→月日年の順／イギリス式→日月年の順

Thank you letter の例

XX-X-XXX, 1 Chome, Nagaonishimachi
Hirakata City, Osaka 573-0162
Takayuki Ishii
August 27, 2015

Mr. John Adams
President
Englight Corporation
X-X-X, Minami Aoyama
Minato-ku, Tokyo 107-0062

Dear Mr. Adams,

Thank you very much for taking your precious time to interview me on August 25th to discuss the sales manager position. I really enjoyed meeting you.

During the interview, I was very happy to hear that your company is planning to expand its business to some countries in the Middle East, since I am keenly interested in these countries.

After the interview, I have not changed my mind regarding my strong desire to work with you. I still feel I share the same goals as you do.

During the interview, I did not have the chance to mention a qualification I received. I passed the guide license examination last year; therefore, I can take your foreign customers to Kyoto, for example, and entertain them free of charge.

I said during the interview that I had five years experience as a sales manager at my previous company, but to be more precise, I acted as a manager for five years and seven months.

After learning more about your company and its mission and considering everything comprehensively, I am even more convinced that I would be a good match for your team and I am confident I can be an invaluable member of your company.

付録3 面接後にアピールするサンキューレターの書き方

Thank you again for your time and consideration. I am looking forward to hearing from you soon.

Sincerely,

Takayuki Ishii

Takayuki Ishii

日本語訳

拝　啓

アダムズ社長

　先日の8月25日は、わざわざ貴重なお時間を割いて、販売部長職について話す面接の機会をいただき、大変ありがとうございました。本当にお会いできて光栄でした。

　お話の中で、御社は中東の国々にもビジネス展開を計画中とのことを伺い非常にうれしく思いました。と申しますのは、私はこれらの国々に大変関心があるからです。

　お話を終えて、御社で働きたいという強い願望は変わりません。御社と同じ目的を共有したいという気持ちは揺らぎません。

　面接では、私が取得した資格を1つ申し上げることができませんでした。昨年、私は通訳案内士試験に合格しました。そのため、御社の外国人顧客を例えば京都にお連れし、もてなすことができます。もちろん無料で案内させていただきます。

　面接では前の会社で販売部長として5年間の経験があると申し上げましたが、正確に言いますと、5年と7カ月でございました。

　御社とその使命について、さらに幅広く知ることができた今、総合的に判断しますと、私は御社のチームにぴったりの人材であるとますます確信しております。御社において、非常に重要な人材になれるという自信がございます。

　この度は、お時間とご考慮をいただき、感謝申し上げます。お返事をお待ちしております。

敬　具

石井隆之

石井隆之（いしい・たかゆき）

近畿大学総合社会学部教授。
言語文化学会会長、通訳ガイド研究会会長、英語前置詞普及会会長、（社）高等教育国際基準協会代表理事。著書に『新 TOEIC TEST コンプリートマスター』シリーズ（三修社）、『意見・考えを論理的に述べる英語表現集』（ベレ出版）などがある。

あなたの魅力を伝える面接の英語　改訂版

2015年11月10日　第1刷発行

著　者　石井隆之
発行者　前田俊秀
発行所　株式会社 三修社
　　　　〒150-0001　東京都渋谷区神宮前 2-2-22
　　　　TEL03-3405-4511　FAX03-3405-4522
　　　　http://www.sanshusha.co.jp
　　　　振替　00190-9-72758
　　　　編集担当　伊吹和真
印刷・製本　壮光舎印刷株式会社
CD制作　高速録音株式会社

ⓒ Takayuki Ishii 2015 Printed in Japan
ISBN978-4-384-05829-1 C0082

Ⓡ＜日本複製権センター委託出版物＞
本書を無断で複写複製（コピー）することは、著作権法上の例外を除き、禁じられています。本書をコピーされる場合は、事前に日本複製権センター（JRRC）の許諾を受けてください。
JRRC http://www.jrrc.or.jp
e メール：info@jrrc.or.jp
電話：03-3401-2382

イラスト：てらだやすひこ
本文デザイン：(有) ウィッチクラフト
カバーデザイン：山内宏一郎（SAIWAI）